UNAUFHALTSAM

Weisheiten des Stoizismus und der Philosophie für Disziplin, Stärke und Erfolg

1. Auflage 2025

AES Verlag

Inhaltsverzeichnis

Einleitung

Was ist Stoizismus und Philosophie?

Die Lehren des Stoizismus sind zeitlos. Sie wurzeln in einer Philosophie, die vor über zweitausend Jahren entstand und bis heute relevant ist. Philosophie bedeutet wörtlich „Liebe zur Weisheit" – und genau darum geht es auch im Stoizismus: ein bewussteres, tugendhaftes Leben zu führen.

In einer Welt voller Unsicherheiten, äußerer Ablenkungen und innerer Konflikte bietet die stoische Lehre einen festen Anker. Sie hilft uns zu erkennen, was wirklich in unserer Macht steht, und lehrt Gelassenheit, Mut und innere Stärke.

Die großen Stoiker – von Seneca und Epiktet bis zu Marcus Aurelius – sahen das Leben als eine Schule der Tugend. Ihr Ziel war es, das eigene Glück nicht von äußeren Umständen abhängig zu machen, sondern von einer gefestigten inneren Haltung. Durch Vernunft, Selbstdisziplin und die klare Unterscheidung zwischen dem, was wir kontrollieren können und was nicht, ermöglicht uns die Philosophie des Stoizismus ein bewussteres und friedvolleres Leben.

Was kannst du durch dieses Buch gewinnen?

Dieses Buch versammelt ausgewählte Zitate der bedeutendsten Stoiker und Philosophen und geht über eine bloße Sammlung weiser Worte hinaus. Jedes Zitat wird ausführlich erklärt, in seinen historischen und philosophischen Kontext eingeordnet und auf seine heutige Relevanz hin untersucht. Die Stoiker gaben keine leeren Ratschläge, sondern sprachen aus Erfahrung. Ihre Einsichten entstanden aus der direkten Konfrontation mit den Herausforderungen des Lebens. Ihre Worte laden uns ein, über unsere eigene Existenz nachzudenken, unser Handeln zu hinterfragen und den Weg zur inneren Freiheit zu beschreiten.

Mehr als eine bloße Lektüre soll dieses Buch eine Einladung zur persönlichen Reflexion sein. Jeder Abschnitt fordert dazu auf, die stoischen Prinzipien nicht nur zu verstehen, sondern aktiv in den eigenen Alltag zu integrieren. Welche Dinge liegen wirklich in deiner Kontrolle? Wie kannst du mit Rückschlägen gelassener umgehen? Und was bedeutet es, ein tugendhaftes Leben zu führen?

Der Stoizismus ist keine trockene Philosophie, die nur in Büchern existiert. Er ist eine Lebenskunst. Eine, die uns hilft, ruhiger, bewusster und standhafter zu werden. Möge dieses Buch dir dabei helfen, die Weisheit der Stoiker in dein eigenes Leben zu tragen.

Prägende Persönlichkeiten

Die Philosophie des Stoizismus und verwandter Denkrichtungen wurde von herausragenden Persönlichkeiten geprägt, deren Lehren bis heute nachwirken. Ihre Schriften und Lebenswege zeigen, dass philosophische Weisheiten keine abstrakten Theorien sind, sondern eine praktische Lebensweise, die in den unterschiedlichsten Kontexten erprobt wurde. Ob als Kaiser, Lehrer, Dichter oder Denker – sie bewiesen durch ihr Handeln, dass ihre Prinzipien nicht nur Worte, sondern gelebte Weisheiten waren.

In diesem Kapitel betrachten wir einige der einflussreichsten Persönlichkeiten, die sich mit Themen wie Selbstdisziplin, Weisheit und persönlicher Entwicklung auseinandergesetzt haben. Marcus Aurelius, der römische Kaiser und Philosoph, verkörperte die stoischen Tugenden von Gelassenheit und Selbstbeherrschung. Genau in die selbe Kategorie können bedeutende Persönlichkeiten wie Seneca oder Epiktet eingeordnet werden.

Andere Philophen (wie Konfuzius, Rumi, Paulo Coelho und Friedrich Nietzsche) zählen zwar nicht offiziel zu den Stoikern, aber dennoch sind ihre Lehren auf den Stoizismus anwendbar. Nietsche selbst bezeichnete die Stoiker sogar als Selbstbetrüger, aber in seinen Schriften gibt es viele Gedanken, die erstaunlich stoisch klingen. Besonders sein Konzept des Amor fati (die Liebe zum Schicksal) passt gut zum Stoizismus.

Indem wir ihre Lehren und ihr Leben näher betrachten, können wir erkennen, wie verschiedene philosophische Strömungen uns auch heute noch leiten können. Ihre Herausforderungen waren vielleicht andere, doch ihre Antworten auf Fragen nach Tugend, innerer Freiheit und Selbstverwirklichung sind universell und zeitlos.

Marcus Aurelius (121–180 n. Chr.)

Marcus Aurelius war der römische Kaiser von 161 bis 180 n. Chr. und zählt zu den bedeutendsten Stoikern der Geschichte.

Trotz seiner politischen und militärischen Verpflichtungen bewahrte er sich eine tiefe philosophische Haltung und reflektierte über Ethik, Tugend und die Natur des Lebens.

Sein berühmtestes Werk, die „Selbstbetrachtungen“, ist eine Sammlung persönlicher Notizen, in denen er sich mit der Vergänglichkeit des Daseins, innerer Ruhe und der Kontrolle über eigene Gedanken und Handlungen auseinandersetzt. Inmitten von Kriegen und politischen Herausforderungen hielt er an den Grundsätzen des Stoizismus fest und diente als Vorbild für eine besonnene, pflichtbewusste Lebensweise. Sein Vermächtnis inspiriert bis heute Menschen, die nach Weisheit und Gelassenheit streben.

Seneca (ca. 4 v. Chr.–65 n. Chr.)

Lucius Annaeus Seneca war ein römischer Philosoph, Dramatiker und Politiker. Geboren in Córdoba (Spanien), wuchs er in Rom auf und wurde einer der einflussreichsten Stoiker seiner Zeit.

Als Berater von Kaiser Nero erlebte er die Macht und ihre Gefahren hautnah. Trotz seines Reichtums predigte er stoische Mäßigung und Gelassenheit. Seine Werke, darunter „Briefe an Lucilius" und „Über die Kürze des Lebens", sind bis heute prägende Texte der Stoischen Philosophie.

Nach einer politischen Intrige wurde er 65 n. Chr. zum Selbstmord gezwungen – eine Prüfung, die er mit stoischer Ruhe annahm. Seine Schriften über Lebenskunst, Tugend und den Umgang mit Schicksalsschlägen inspirieren noch heute.

Epiktet (ca. 50–135 n. Chr.)

Epiktet war ein griechischer Philosoph der Stoa, der als Sklave in Hierapolis (heutige Türkei) geboren wurde. Nach seiner Freilassung widmete er sich ganz der Philosophie und gründete in Nikopolis eine Schule, die später großen Einfluss hatte.

Seine Lehren wurden von seinem Schüler Arrian in den „Unterredungen“ und dem „Handbüchlein der Moral“ festgehalten. Epiktet betonte, dass wahre Freiheit nicht von äußeren Umständen, sondern von der eigenen Einstellung abhängt. Sein Hauptprinzip lautete: „Nicht die Dinge selbst beunruhigen die Menschen, sondern ihre Meinungen über die Dinge.“

Sein Einfluss reicht bis heute – moderne Philosophen, Unternehmer und Therapeuten greifen auf seine Ideen zurück.

Konfuzius (551–479 v. Chr.)

Konfuzius war ein chinesischer Philosoph, Lehrer und politischer Berater, dessen Gedanken das geistige Fundament Ostasiens nachhaltig prägten.

Er betonte die Bedeutung von Tugend, moralischer Integrität und sozialer Harmonie. Seine Lehren, die in den „Analekten" überliefert sind, basieren auf Werten wie Respekt, Mitmenschlichkeit (Ren) und Pflichterfüllung (Li). Konfuzius glaubte, dass eine gerechte Gesellschaft durch ethisches Verhalten und Bildung entstehen könne.

Seine Philosophie beeinflusst bis heute ethische und politische Denkweisen weltweit und bietet wertvolle Einsichten für ein ausgeglichenes und tugendhaftes Leben.

Rumi (1207–1273)

Dschalal ad-Din Rumi war ein persischer Mystiker, Gelehrter und Dichter, dessen Werke bis heute Millionen Menschen inspirieren. Als Sufi-Meister betrachtete er Liebe als die höchste Form der spirituellen Erkenntnis und sah die Verbindung zu Gott als ein inneres Streben nach Wahrheit und Selbstverwirklichung. Seine Poesie, insbesondere in der Sammlung „Mathnawi", spiegelt tiefgehende Einsichten über das menschliche Dasein, Vergänglichkeit und die Suche nach innerem Frieden wider. Rumi lehrte, dass Transformation und Wachstum durch Hingabe, Reflexion und die Überwindung des eigenen Egos möglich sind. Seine Worte sind zeitlos und bieten eine Quelle der Inspiration für diejenigen, die nach Sinn und Weisheit suchen.

Weisheit & Selbsterkenntnis

Weisheit ist mehr als bloßes Wissen – sie ist die Fähigkeit, Erkenntnisse in sinnvolles Handeln zu verwandeln. Die großen Denker der Geschichte haben betont, dass wahre Weisheit nicht in der Anhäufung von Informationen liegt, sondern in der Kunst, sich selbst zu verstehen, die richtigen Fragen zu stellen und aus Erfahrungen zu lernen. Selbsterkenntnis bildet dabei die Grundlage: Wer sich selbst kennt, kann bewusster entscheiden, gelassener reagieren und sein Leben in Einklang mit seinen Werten gestalten.

Die in diesem Kapitel versammelten Zitate helfen dabei, über die Natur der Weisheit und die Bedeutung der Selbsterkenntnis nachzudenken. Sie laden dazu ein, eigene Überzeugungen zu hinterfragen, blinde Flecken zu erkennen und sich auf den Weg zu einem tieferen Verständnis der eigenen Persönlichkeit zu begeben. Denn wie die Philosophen immer wieder betonen:

Nur wer sich selbst erkennt, kann wahrhaft weise handeln.

> *Ich bin nicht, was du denkst, dass ich bin.*
> *Du bist, was du denkst, dass ich bin.*
>
> *– Buddha –*

Häufig projizieren Mitmenschen ihre eigenen Eigenschaften oder -arten auf ihr gegenüber, also dich. Das passiert, weil wir die Tendenz dazu haben das Gegenüber zu spiegeln, wodurch sich der andere wiedererkennt. Ist er sich dessen bewusst, wird er objektiv handeln. Andernfalls urteilt er subjektiv über andere und damit über sich selbst. Letzteres thematisiert das Zitat von Buddha.

Kannst du dich mit dieser Erkenntnis selbst in ein besseres Licht rücken, befreit von dem Urteil anderer über dich, das einer verschobenen Wahrnehmung entsprang?

> *Erhebe deine Worte, nicht deine Stimme. Es ist der Regen, der Blumen wachsen lässt, nicht der Donner.*
>
> *– Rumi –*

Worte haben mehr Kraft als Lautstärke. Wahre Überzeugung entsteht nicht durch Aggression, sondern durch Klarheit, Weisheit und Mitgefühl – wie der sanfte Regen, der Leben spendet, während der Donner nur Lärm macht.

Ein ruhiges, aber bestimmtes Wort kann Brücken bauen, während laute Stimmen oft nur Widerstand hervorrufen. Wer gehört werden will, sollte nicht schreien, sondern so sprechen, dass andere wirklich zuhören.

Es ist nur menschlich, dass wir bei einem Auslöser emotional werden. Gelingt es dir eine ruhige, durchdachte Antwort einem lauten Protest vorzuziehen? - Dazu musst du im entscheidenden Moment einen kühlen Kopf bewahren.

Zwei Dinge definieren dich:
Deine Geduld, wenn du nichts hast, und deine Einstellung, wenn du alles hast.

– *Imam Ali (A.S)* –

Wahrer Charakter zeigt sich sowohl in Zeiten des Mangels als auch im Überfluss. Wer in schwierigen Momenten Geduld bewahrt, besitzt innere Stärke, und wer trotz Erfolg bescheiden bleibt, zeigt wahre Größe. Reichtum oder Armut formen den Menschen nicht – es ist seine Haltung, die darüber entscheidet, wer er wirklich ist.

Wie gehst du mit Entbehrung und Erfolg um,
und was sagt das über dich aus?

Es gibt keinen Grund, das ganze Meer zu trinken, um zu erkennen, dass es salzig ist.

– Chinesisches Sprichwort –

Erfahrung muss nicht immer aus Extremen bestehen, um wertvoll zu sein. Oft genügen kleine Einblicke, um die Essenz einer Sache zu verstehen, ohne sich ihr völlig auszuliefern. Weisheit bedeutet, aus wenigen Momenten die richtigen Schlüsse zu ziehen, anstatt sich unnötig großen Belastungen auszusetzen.

In welchen Bereichen deines Lebens könntest du mit weniger Aufwand zu ebenso wertvollen Erkenntnissen gelangen?

Ein Narr, der weiß, dass er ein Narr ist, ist weiser als ein Narr, der sich für weise hält.

– Persisches Sprichwort –

Selbsterkenntnis ist der erste Schritt zur Weisheit.
Wer sich seiner eigenen Grenzen bewusst ist, bleibt offen für Wachstum, während Selbstüberschätzung zur Stagnation führt.
Wahre Weisheit beginnt dort, wo die Illusion völligen Wissens endet.

Gibt es Bereiche in deinem Leben, in denen du dein eigenes Wissen hinterfragen und offen für neue Einsichten sein könntest?

Jedes Mal, wenn du ein Versprechen an dich selbst brichst, lehrst du dich, dass deine Worte nichts bedeuten.

– unbekannt –

Selbstdisziplin und Integrität beginnen bei den Versprechen an sich selbst. Wer seine eigenen Worte nicht ernst nimmt, verliert mit der Zeit das Vertrauen in die eigene Stärke und Konsequenz. Jede eingehaltene Verpflichtung stärkt dagegen das Selbstbewusstsein und formt den Charakter.

Wie sehr kannst du darauf vertrauen, dass du zu deinem eigenen Wort stehst?

Gestern war ich klug und wollte die Welt verändern.
Heute bin ich weise und verändere mich selbst.

– Rumi –

Wahre Veränderung beginnt nicht im Außen, sondern in uns selbst. Klugheit neigt dazu, die Welt nach eigenen Vorstellungen formen zu wollen, während Weisheit erkennt, dass inneres Wachstum der Schlüssel zu echter Veränderung ist. Wer sich selbst entwickelt, beeinflusst seine Umgebung nachhaltiger als durch bloße Absicht.

In welchen Lebensbereichen könnte eine Veränderung in dir selbst mehr bewirken als der Versuch, die Umstände zu ändern?

Miss dein Leben nicht daran, wie viel du gewonnen hast, sondern daran, wie viel du gegeben hast.

– Mengzi –

Wahrer Wert liegt nicht im Nehmen, sondern im Geben. Erfolg wird oft an materiellem Gewinn gemessen, doch wahre Erfüllung entsteht durch das, was wir anderen hinterlassen – sei es Wissen, Unterstützung oder Mitgefühl. Ein Leben ist dann reich, wenn es Spuren der Großzügigkeit hinterlässt.

Woran wirst du messen, ob dein Leben wirklich erfüllt war?

Starke Geister diskutieren Ideen,
gewöhnliche Geister diskutieren Ereignisse,
schwache Geister diskutieren Menschen.

– Sokrates –

Die Art, wie wir sprechen, offenbart unser Denken. Wer sich mit großen Ideen beschäftigt, erweitert seinen Horizont, während das Verharren in Klatsch und Tratsch den Geist begrenzt. Tiefgründige Gespräche inspirieren, während das Lästern über andere oft nur Ablenkung ist.

Wie viele Gespräche führst du, die dich weiterbringen, anstatt dich klein zu halten?

> *Es ist besser, sein eigenes Schicksal unvollkommen zu leben, als das eines anderen perfekt zu leben.*
>
> – *Bhagavad Gita* –

Authentizität ist wertvoller als Perfektion. Wer versucht, den Erwartungen anderer zu entsprechen, mag äußerlich erfolgreich wirken, doch wahre Erfüllung entsteht nur, wenn man seinen eigenen Weg geht – mit all seinen Herausforderungen und Unvollkommenheiten. Selbst ein fehlerhaft gelebtes eigenes Leben ist bedeutsamer als ein fremdbestimmtes, scheinbar makelloses Dasein.

In welchen Bereichen deines Lebens folgst du noch dem Weg anderer, anstatt deinem eigenen?

> *Nichts kann Eisen zerstören außer sein eigener Rost. Genauso kann dich nichts zerstören außer dein eigener Geist.*
>
> *– Miyamoto Musashi –*

Die größte Gefahr kommt nicht von außen, sondern von innen. So wie Eisen nur durch seinen eigenen Rost zerfällt, sind es oft unsere Zweifel, Ängste und negativen Gedanken, die uns schwächen – nicht äußere Umstände. Wer seinen Geist diszipliniert und stärkt, bleibt unerschütterlich, egal welche Herausforderungen kommen.

Welche Gedanken oder Überzeugungen halten dich davon ab, dein volles Potenzial zu entfalten?

"

Bevor du dich auf einen Rachefeldzug begibst,
grabe zwei Gräber.

– Konfuzius –

"

Rache schadet nicht nur dem, an dem sie verübt wird,
sondern auch demjenigen, der sie ausübt.
Wer von Vergeltung getrieben ist, lässt sich von negativen Emotionen beherrschen und zerstört dabei oft sich selbst. Wahre Stärke liegt darin, loszulassen und Frieden zu finden, anstatt sich in einem Kreislauf der Vergeltung zu verlieren.

Was ist deine Tendenz, Rache oder Vergebung?

Gibt es konkrete Beispiele, bei denen du inneren Frieden finden musst?

Ein Fehler, der dich demütig macht,
ist besser als ein Erfolg, der dich arrogant macht.

– unbekannt –

Misserfolg kann eine wertvolle Lektion sein, während Erfolg ohne Reflexion leicht zur Selbstüberschätzung führt. Fehler erinnern uns an unsere Grenzen und bieten die Chance zu wachsen, während Arroganz oft den Blick für Weiterentwicklung versperrt. Wahres Lernen entsteht nicht aus Perfektion, sondern aus der Bereitschaft, aus Fehlern zu wachsen.

Wann hat dich ein Misserfolg weitergebracht,
während ein Erfolg dich vielleicht in falscher Sicherheit gewiegt hat?

> *Zwei Dinge ruinieren die Weisheit:*
> *zu schweigen, wenn man sprechen sollte,*
> *und zu sprechen, wenn man schweigen sollte.*
>
> *– Persisches Sprichwort –*

Weisheit zeigt sich nicht nur im Wissen, sondern im richtigen Umgang mit Worten. Schweigen kann genauso zerstörerisch sein wie unüberlegtes Reden – wer in wichtigen Momenten nichts sagt, verpasst Chancen, während unnötige Worte Konflikte schüren können.

Die Kunst liegt darin, den richtigen Moment für beides zu erkennen.

Gibt es Situationen, in denen du diese Regel missachtest?

"*Ein weiser Mann weiß, dass er nicht alles weiß.*
Ein Narr glaubt, alles zu wissen.
– Afrikanisches Sprichwort –"

Wahre Weisheit beginnt mit der Erkenntnis der eigenen Grenzen. Wer glaubt, bereits alles zu wissen, verschließt sich vor neuem Lernen, während ein weiser Mensch stets offen für neue Erkenntnisse bleibt. Arroganz führt zur Stagnation, während Demut den Weg zu echtem Wissen ebnet.

Wo in deinem Leben könntest du durch mehr Offenheit und Bescheidenheit weiter wachsen?

Wenn du jemanden hasst,
bist du von ihm besiegt worden.

– Konfuzius –

Hass bindet mehr Energie an die gehasste Person als an das eigene Leben. Wer in Feindseligkeit verharrt, gibt dem anderen Macht über die eigenen Gedanken und Gefühle, anstatt innere Freiheit zu bewahren. Wahre Stärke zeigt sich nicht in Vergeltung, sondern in der Fähigkeit, sich von negativen Emotionen zu lösen.

Wie viel Raum gibst du Menschen in deinem Kopf, die es nicht verdienen?

“*Verlangen macht Könige zu Sklaven,*
Geduld macht Sklaven zu Königen.”
– Al-Ghazali –

Unkontrolliertes Verlangen führt zu Abhängigkeit, während Geduld und Selbstbeherrschung wahre innere Freiheit schenken. Wer seinen Wünschen blind folgt, verliert die Kontrolle über sich selbst, während Geduld und Ausdauer langfristig zu wahrer Größe führen. Die Kunst liegt darin, zu erkennen, wann Geduld mehr Stärke beweist als sofortige Erfüllung.

Wo in deinem Leben könnte mehr Geduld dich stärker und freier machen?

> *Du handelst wie ein Sterblicher in allem,*
> *was du fürchtest, und wie ein Unsterblicher in allem,*
> *was du begehrst.*
>
> *– Seneca –*

Angst erinnert uns ständig an unsere Vergänglichkeit, doch unser Verlangen lässt uns oft so leben, als hätten wir unendlich viel Zeit. Wir zögern bei Risiken, aber schieben unsere wahren Ziele und Wünsche hinaus, als wäre das Leben grenzenlos. Weisheit bedeutet, sich der Endlichkeit bewusst zu sein und danach zu handeln.

Wo in deinem Leben hält dich Angst zurück,
während du gleichzeitig Dinge aufschiebst, als hättest du ewig Zeit?

Beurteile einen Menschen eher nach seinen Fragen als nach seinen Antworten.

– Voltaire –

Die Qualität der Fragen, die jemand stellt, verrät mehr über seinen Geist als die Antworten, die er gibt. Wer neugierig hinterfragt, zeigt Offenheit und den Wunsch nach Erkenntnis, während fertige Antworten oft nur bestehende Überzeugungen wiedergeben. Wahres Wissen wächst nicht aus dem, was man zu wissen glaubt, sondern aus der Fähigkeit, weiterzudenken.

Welche Fragen stellst du dir, die dich wirklich weiterbringen?

Jeder Mensch hält die Grenzen seines eigenen Blickfeldes für die Grenzen der Welt.

– Arthur Schopenhauer –

Unsere Wahrnehmung der Welt ist durch unsere Erfahrungen, Überzeugungen und Perspektiven begrenzt. Doch wer glaubt, dass seine Sichtweise die einzige Wahrheit ist, verschließt sich vor Wachstum und neuen Erkenntnissen. Weisheit beginnt dort, wo wir erkennen, dass unsere Sicht nicht die ganze Realität abbildet.

In welchen Bereichen deines Lebens könnte ein Perspektivwechsel neue Einsichten bringen?

Es ist das lange Betrachten der Dinge, das dich reifen lässt und dir eine tiefere Bedeutung gibt.

– Vincent van Gogh –

Wirkliches Verstehen entsteht nicht durch flüchtige Blicke, sondern durch geduldige Auseinandersetzung. Tiefe Erkenntnis braucht Zeit, denn erst durch langes Betrachten entfalten sich neue Details und Bedeutungen. Wer sich die Muße nimmt, Dinge wirklich zu durchdringen, gewinnt nicht nur Wissen, sondern auch innere Reife.

Wo in deinem Leben könnte mehr Geduld und Aufmerksamkeit zu einem tieferen Verständnis führen?

> *Beherrsche deinen Zorn – denn wenn du gegen andere zornig bist, beherrschen sie dich.*
>
> *– Miyamoto Musashi –*

Zorn gibt die Kontrolle über deine Emotionen an andere ab. Wer sich von Wut leiten lässt, reagiert statt zu agieren und verliert die innere Freiheit. Wahre Stärke zeigt sich nicht im Ausbruch, sondern in der Fähigkeit, ruhig und besonnen zu bleiben.

Wann hat Wut dich schon einmal von klarem Denken abgehalten, anstatt dir zu helfen?

Man hat uns beigebracht, Antworten auswendig zu lernen, aber nicht, Fragen zu hinterfragen.

– Sokrates –

Wissen entsteht nicht durch das bloße Wiederholen von Antworten, sondern durch das kritische Hinterfragen von Annahmen. Wer nie die Grundlage einer Frage prüft, akzeptiert oft ungeprüfte Wahrheiten, anstatt selbst zu denken. Wahre Erkenntnis beginnt dort, wo wir nicht nur nach Antworten suchen, sondern die richtigen Fragen stellen.

Welche Überzeugungen in deinem Leben hast du bisher nie wirklich hinterfragt?

Wenn du einen Fehler machst und ihn nicht korrigierst, dann ist das der größere Fehler.

– Konfuzius –

Fehler sind unvermeidlich, aber die Weigerung, aus ihnen zu lernen, macht sie erst wirklich bedeutsam. Wer einen Irrtum erkennt und nichts daran ändert, entscheidet sich bewusst gegen Wachstum. Wahre Weisheit liegt nicht in Fehlerlosigkeit, sondern in der Bereitschaft, sich zu verbessern.

Gibt es in deinem Leben einen Fehler, den du erkennen, aber noch nicht korrigieren willst?

Höre nicht auf den, der alle Antworten hat –
höre auf den, der die richtigen Fragen stellt.

– Albert Einstein –

Wer glaubt, alle Antworten zu haben, hat oft aufgehört, wirklich nachzudenken. Wahre Weisheit zeigt sich nicht in fertigen Lösungen, sondern in der Fähigkeit, die richtigen Fragen zu stellen und neue Perspektiven zu eröffnen. Fortschritt entsteht dort, wo wir neugierig bleiben und den Mut haben, Altes zu hinterfragen.

Welche Fragen haben dich zuletzt dazu gebracht, deine Sichtweise zu überdenken?

Persönliche Reflexion

Was war bislang die bedeutsamste Weisheit in deinem Leben?

Welche der im Kapitel genannten Weisheiten findest du am bedeutsamsten und warum?

Welche Weisheiten wirst du in Zukunft zu deinem Selbst werden lassen?

Gibt es Denkweisen und Ansichten, die du gerne mit anderen erörtern würdest?

GLÜCK & ZUFRIEDENHEIT

Glück ist eines der zentralen Ziele des menschlichen Lebens – doch was bedeutet es wirklich, glücklich zu sein? Viele Philosophen und Denker haben erkannt, dass wahres Glück nicht in äußeren Umständen oder materiellem Besitz liegt, sondern in einer inneren Haltung. Zufriedenheit entsteht, wenn wir lernen, das Leben so anzunehmen, wie es ist, und unseren Frieden in der Gegenwart zu finden.

Die Zitate in diesem Kapitel beleuchten verschiedene Facetten des Glücks und der Zufriedenheit. Sie fordern dazu auf, unsere Erwartungen zu überdenken, Dankbarkeit zu kultivieren und uns von dem zu lösen, was außerhalb unserer Kontrolle liegt. Denn letztlich ist Glück kein flüchtiges Gefühl, sondern eine bewusste Entscheidung, das Leben mit Gelassenheit und Erfüllung zu führen.

> *Ich liebte eine Blume so sehr, dass ich sie nicht pflückte, sondern sie wachsen ließ.*
>
> *– Osho –*

Wahre Liebe bedeutet, nicht zu besitzen, sondern das Beste für den anderen zu wollen. Wer etwas aus egoistischem Verlangen heraus festhält, zerstört oft das, was er liebt. Echtes Mitgefühl zeigt sich in der Fähigkeit, loszulassen und Raum für Wachstum zu geben.

In welchen Bereichen deines Lebens könntest du durch Loslassen mehr wahre Liebe und Freiheit erfahren?

> *Nicht die Dinge selbst, sondern nur unsere Vorstellungen über die Dinge machen uns glücklich oder unglücklich.*
>
> *– Epiktet –*

Epiktet betont hier ein zentrales Prinzip des Stoizismus: Unsere Emotionen entstehen nicht durch äußere Ereignisse, sondern durch unsere Interpretation dieser Ereignisse. Zwei Menschen können dieselbe Situation erleben, aber völlig unterschiedlich darauf reagieren – je nachdem, wie sie sie bewerten.

Wenn wir uns bewusst machen, dass unser Glück oder Unglück von unserer eigenen Wahrnehmung abhängt, gewinnen wir mehr Kontrolle über unser emotionales Wohlbefinden. Das bedeutet nicht, dass wir Probleme ignorieren sollen, sondern dass wir unsere Einstellung dazu überdenken können.

Wenn deine Gedanken über eine Situation dein Glück oder Unglück bestimmen – welche Perspektive könntest du wählen, um innerlich gelassener zu bleiben?

> *Weise ist, wer nicht bedauert, was er nicht hat, sondern wer sich an dem freut, was er hat.*
>
> – *Epiktet* –

Es ist die Rede von der Bedeutung von Dankbarkeit und Akzeptanz. Statt uns auf das zu konzentrieren, was uns fehlt, sollten wir den Wert dessen erkennen, was wir bereits haben. Ständiges Bedauern über das, was uns vermeintlich fehlt, führt zu Unzufriedenheit, während Dankbarkeit für das Vorhandene innere Ruhe und Zufriedenheit bringt.

Dieses Prinzip erinnert uns daran, dass Glück nicht in äußeren Besitztümern oder unerfüllten Wünschen liegt, sondern in unserer Haltung gegenüber dem, was wir haben.

Würdest du glücklicher sein, wenn du mehr hättest – oder wenn du lernen würdest, das Vorhandene mehr zu schätzen?

Nimm sowohl Komplimente als auch Kritik an.
Es braucht sowohl Sonne als auch Regen,
damit eine Blume wächst.

– unbekannt –

Sowohl Lob als auch Kritik sind notwendig für persönliches Wachstum. Komplimente geben Bestätigung und Motivation, während Kritik die Chance bietet, sich weiterzuentwickeln. Wer nur das eine annimmt und das andere ignoriert, bleibt in seiner Entwicklung stehen.

Wie gehst du mit Kritik um – als Angriff oder als Möglichkeit, zu wachsen?

> *Nur Sonnenschein schafft eine Wüste.*
>
> *– Arabisches Sprichwort –*

Ohne Herausforderungen und Rückschläge gibt es kein echtes Wachstum. Ständige Leichtigkeit mag angenehm erscheinen, doch erst durch Widerstände entwickeln wir Stärke, Tiefe und Resilienz. Ein Leben ohne Schwierigkeiten würde uns letztlich verkümmern lassen, statt uns zu formen.

Welche Herausforderungen in deinem Leben haben dich stärker gemacht, auch wenn sie anfangs schwer erschienen?

Denke daran: Ein Moment der Geduld kann eine lebenslange Reue verhindern.

– Japanisches Sprichwort –

Unüberlegte Entscheidungen in Momenten der Ungeduld können langfristige Konsequenzen haben. Ein kurzer Moment der Besonnenheit hingegen kann verhindern, dass man aus Wut, Angst oder Eile heraus etwas tut, das man später bereut. Geduld bedeutet, der Zukunft mehr Wert beizumessen als dem momentanen Impuls.

In welchen Situationen könnte ein Augenblick des Innehaltens dir helfen, klügere Entscheidungen zu treffen?

> *Das Glück deines Lebens hängt*
> *von der Qualität deiner Gedanken ab.*
>
> *– Marcus Aurelius –*

Unser innerer Zustand wird nicht von äußeren Umständen, sondern von unseren Gedanken geformt. Wer negativ denkt, wird selbst in guten Zeiten unzufrieden sein, während eine klare und konstruktive Haltung auch in schwierigen Momenten Stabilität schenkt. Glück beginnt im Geist – in der Art, wie wir die Welt und uns selbst betrachten.

Welche Gedanken prägen dein Leben am meisten, und fördern sie dein Glück?

> *Sorgen sind wie das Zahlen einer Schuld,*
> *die du nicht hast.*
>
> *– Mark Twain –*

Sorgen erschöpfen uns, ohne dass sie die Zukunft tatsächlich beeinflussen. Oft leiden wir unter Problemen, die nie eintreten, und verschwenden Energie auf Ängste, die nur in unserem Kopf existieren. Anstatt für etwas zu zahlen, das vielleicht nie kommt, ist es klüger, sich auf das Hier und Jetzt zu konzentrieren.

Wie oft belastest du dich mit Sorgen, die sich am Ende als unbegründet herausstellen?

*Vielleicht hat nicht alles, was dich
zu ertränken schien, dich wirklich ertränkt –
vielleicht hat es dir das Schwimmen beigebracht.*

– unbekannt –

Herausforderungen, die uns zunächst überwältigend erscheinen, können uns oft genau die Stärke und Fähigkeiten verleihen, die wir brauchen. Rückblickend erkennen wir, dass viele schwierige Zeiten nicht unser Untergang waren, sondern unser Wachstum ermöglicht haben. Manche Kämpfe bereiten uns nicht auf das Scheitern vor, sondern auf das Überleben.

Welche Erfahrungen, die einst belastend wirkten, haben dich letztlich stärker gemacht?

Beunruhige dich nicht, indem du dein ganzes Leben auf einmal zu überblicken versuchst.

– Marcus Aurelius –

Das Leben kann überwältigend wirken, wenn wir versuchen, alles auf einmal zu erfassen. Doch Sorgen über die ferne Zukunft rauben uns die Kraft für den gegenwärtigen Moment. Weisheit liegt darin, Schritt für Schritt zu gehen und sich auf das zu konzentrieren, was jetzt in unserer Kontrolle liegt.

In welchen Bereichen deines Lebens könntest du mehr Gelassenheit finden, indem du dich auf das Hier und Jetzt fokussierst?

Das Glück schleicht sich oft durch eine Tür herein, von der du nicht wusstest, dass du sie offen gelassen hast.

– John Barrymore –

Glück kommt selten genau so, wie wir es erwarten. Oft zeigt es sich in unerwarteten Momenten oder Wegen, die wir nicht bewusst gesucht haben. Wer offen bleibt und nicht starr an bestimmten Vorstellungen festhält, erkennt Chancen, wo er sie nie vermutet hätte.

Wo in deinem Leben könnte sich bereits unerwartetes Glück anbahnen, ohne dass du es bemerkt hast?

> *Genieße die kleinen Dinge im Leben, denn eines Tages wirst du zurückblicken und erkennen, dass sie die großen waren.*
>
> *– Kurt Vonnegut –*

Oft jagen wir großen Erfolgen und besonderen Momenten hinterher, ohne zu bemerken, dass wahres Glück in den kleinen Augenblicken des Alltags liegt. Erst im Rückblick erkennen wir, dass es die einfachen Dinge – ein Lächeln, ein Gespräch, eine ruhige Stunde – sind, die unser Leben wirklich bereichern.

Welche kleinen Momente könntest du bewusster wertschätzen, bevor sie nur noch Erinnerungen sind?

Der Mensch zählt lieber seine Sorgen als sein Glück.

– Fjodor Dostojewski –

Negative Gedanken haben oft mehr Gewicht als positive, weil Sorgen und Probleme unsere Aufmerksamkeit stärker fesseln. Doch wer sich nur auf das konzentriert, was fehlt oder belastet, übersieht die vielen kleinen Freuden des Lebens. Glück entsteht nicht durch mehr Besitz oder Erfolg, sondern durch die Fähigkeit, das Gute bewusst wahrzunehmen.

Wie oft richtest du deinen Fokus auf das, was du hast, anstatt auf das, was dir fehlt?

Wenn es dich deine innere Ruhe kostet,
ist es zu teuer.

– Paulo Coelho –

Nichts ist wertvoller als innere Ausgeglichenheit. Wenn eine Situation, ein Mensch oder eine Entscheidung deinen Frieden dauerhaft stört, zahlst du einen höheren Preis, als es vielleicht auf den ersten Blick scheint. Wahre Erfüllung liegt nicht im äußeren Gewinn, sondern in der Fähigkeit, in sich selbst Ruhe zu finden.

Wo in deinem Leben hältst du an etwas fest, das dich mehr kostet, als es dir gibt?

> *Straßen wurden für die Reise gemacht,*
> *nicht für das Ziel.*
>
> *– Konfuzius –*

Das Leben ist kein Wettlauf zu einem bestimmten Endpunkt, sondern ein stetiger Weg des Lernens und Wachsens. Wer nur auf das Ziel fixiert ist, verpasst die Erfahrungen, die den eigentlichen Wert der Reise ausmachen. Erfüllung liegt nicht erst im Ankommen, sondern im bewussten Gehen des Weges.

Wie oft genießt du den Prozess, anstatt nur auf das Ergebnis zu warten?

Persönliche Reflexion

Wie war bislang dein Umgang mit Glück & Zufriedenheit und wie wichtig waren sie?

Hast du dich in den Zitaten wiedergefunden, oder gibt es neue Erkenntnisse?

Was wirst du in Zukunft besonders beachten, um Glück und Zufriedenheit zu etablieren?

Gibt es Denkweisen und Ansichten, die du gerne mit anderen erörtern würdest?

Freundschaft & Beziehungen

Freundschaften und Beziehungen sind das Fundament eines erfüllten Lebens. Sie geben uns Halt, Inspiration und die Möglichkeit, uns selbst in der Begegnung mit anderen besser kennenzulernen. Doch wahre Verbindungen erfordern Pflege, Ehrlichkeit und die Bereitschaft, sowohl Freude als auch Herausforderungen gemeinsam zu tragen.

Die in diesem Kapitel versammelten Zitate beleuchten die verschiedenen Aspekte menschlicher Beziehungen – von der Bedeutung echter Freundschaft bis hin zur Kunst, mit anderen in Harmonie zu leben. Sie fordern uns dazu auf, unsere Erwartungen zu hinterfragen, Mitgefühl zu kultivieren und zu erkennen, dass wahre Nähe nicht in Abhängigkeit, sondern in gegenseitigem Wachstum liegt. Denn letztlich sind es unsere Beziehungen, die unser Leben bereichern und uns zu dem machen, was wir sind.

Schöne Menschen sind nicht immer gut,
aber gute Menschen sind immer schön.

– *Imam Ali (A.S)* –

Äußere Schönheit ist vergänglich, aber wahre Güte hat eine Ausstrahlung, die tiefer reicht. Ein freundlicher, aufrichtiger Mensch wird unabhängig von seinem äußeren Erscheinungsbild als schön wahrgenommen, während Oberflächlichkeit oder Egoismus wahre Schönheit trüben können. Charakter und Herzensgüte sind es, die einen Menschen wirklich leuchten lassen.

Wann hast du zuletzt jemanden nicht nach dem Äußeren, sondern nach seiner inneren Schönheit betrachtet?

"*Sei vorsichtig, wenn du zu viel für Menschen tust –
sie lieben dann deine Hand und nicht dein Herz.*

– Afrikanisches Sprichwort –"

Wer immer nur gibt, ohne Grenzen zu setzen, läuft Gefahr, nicht für seine Person, sondern für seinen Nutzen geschätzt zu werden. Wahre Verbindungen beruhen auf gegenseitigem Respekt, nicht nur auf einseitiger Aufopferung. Geben ist edel, aber es sollte aus Freiheit und nicht aus Erwartung entstehen.

Wo in deinem Leben solltest du genauer hinschauen, ob du für dich selbst oder nur für deine Hilfe geschätzt wirst?

> *Wenn jemand am Ertrinken ist, ist es nicht die Zeit, ihm das Schwimmen beizubringen.*
>
> *– unbekannt –*

In akuten Krisen geht es nicht um Belehrung, sondern um unmittelbare Unterstützung. Jemand, der gerade kämpft, braucht keine Ratschläge, sondern eine helfende Hand – Zeit für Reflexion kommt später. Mitgefühl bedeutet, den richtigen Moment zu erkennen, um zu helfen, anstatt zu belehren.

In welchen Situationen könntest du mehr Verständnis zeigen, anstatt sofort Lösungen anzubieten?

Benutze nicht die Schärfe deiner Zunge gegen die Mutter, die dich das Sprechen gelehrt hat.

– Ibn Abbas –

Respekt beginnt bei denen, die uns geprägt haben. Harte Worte gegen jemanden, der uns mit Liebe und Geduld begleitet hat, sind oft ein Zeichen von Undankbarkeit. Wahre Stärke liegt nicht in scharfen Worten, sondern in der Fähigkeit, mit Wertschätzung und Mitgefühl zu sprechen.

Wie oft denken wir über unsere Worte nach, bevor wir sie an die Menschen richten, die uns am meisten bedeuten?

> *Stolz baut hohe Mauern,*
> *aber lässt dich einsam darin zurück.*
>
> *– Ägyptisches Sprichwort –*

Stolz kann schützen, aber er kann auch isolieren. Wer sich hinter Mauern der Unnachgiebigkeit versteckt, mag sich unangreifbar fühlen, doch er schließt gleichzeitig Nähe und echte Verbindung aus. Wahre Stärke zeigt sich nicht im Festhalten an Stolz, sondern in der Fähigkeit, auf andere zuzugehen.

Wo in deinem Leben könnte das Ablegen von Stolz mehr Verbindung und Verständnis schaffen?

> *Wenn deine Abwesenheit sie nicht berührt,*
> *hat deine Anwesenheit nie eine Rolle gespielt.*
>
> *– unbekannt –*

Wahre Verbundenheit zeigt sich nicht nur in gemeinsamen Momenten, sondern auch darin, ob eine Lücke bleibt, wenn man fehlt. Wer wirklich geschätzt wird, hinterlässt Spuren, während Gleichgültigkeit ein Zeichen dafür ist, dass die Verbindung nie tief war. Beziehungen sollten auf echter Wertschätzung beruhen, nicht auf bloßer Gewohnheit.

In welchen Beziehungen zeigt sich, dass du wirklich geschätzt wirst – und in welchen vielleicht nicht?

„Setze dich nicht an einen Tisch, an dem über andere gelästert wird – denn sobald du aufstehst, bist du das nächste Thema.“

– unbekannt –

Wer sich an Gesprächen beteiligt, in denen über andere schlecht geredet wird, sollte sich bewusst sein, dass Loyalität in solchen Kreisen keine Rolle spielt. Respektvolle Menschen sprechen mit anderen, nicht über sie. Die eigene Integrität zeigt sich oft darin, welche Gespräche man meidet.

In welchen Situationen wäre es klüger, Abstand zu nehmen, anstatt sich in unnötiges Gerede hineinziehen zu lassen?

*Ich brannte, und du kamst nur,
um mir den Rauch meiner Asche vorzuwerfen.*
– Fjodor Dostojewski –

Wahre Unterstützung zeigt sich nicht darin, Fehler zu betonen, sondern in der Bereitschaft, in schweren Zeiten beizustehen. Wer nur kommt, um Kritik zu üben, wenn alles bereits in Trümmern liegt, war nie wirklich da, um zu helfen. Empathie bedeutet, das Leid eines anderen zu sehen, anstatt nur seine Fehler zu verurteilen.

In welchen Momenten hättest du Verständnis gebraucht, doch stattdessen nur Urteil erfahren?

Vertraue niemals jemandem, der andere verrät – selbst wenn er es für dich tut.

– Niccolò Machiavelli –

Loyalität ist keine Eigenschaft, die nur in eine Richtung wirkt. Wer bereit ist, andere zu hintergehen, wird es irgendwann auch bei dir tun, wenn es ihm nützt. Wahre Verlässlichkeit zeigt sich nicht in Worten, sondern in Taten – besonders dann, wenn niemand zusieht.

Wie oft verwechselst du Opportunismus mit echter Loyalität?

> *Wenn dich jemand herausfordert, besser zu werden, ist das kein Angriff, sondern ein Akt der Liebe.*
>
> *– Bibel, Sprüche 27:17 –*

Wahre Freundschaft und Liebe bedeuten nicht, immer nur Bestätigung zu geben, sondern auch zur Weiterentwicklung zu ermutigen. Kritik oder hohe Erwartungen sind kein Zeichen von Ablehnung, sondern oft ein Ausdruck von Wertschätzung und Vertrauen in dein Potenzial. Wachstum entsteht dort, wo Menschen uns fordern, nicht nur dort, wo sie uns schmeicheln.

In welchen Momenten hast du konstruktive Kritik vielleicht als Angriff empfunden, obwohl sie dich weiterbringen sollte?

Wenn dir der Charakter eines Menschen nicht klar ist, dann schau dir seine Freunde an.

– Japanisches Sprichwort –

Die Menschen, mit denen sich jemand umgibt, spiegeln oft seine Werte, Überzeugungen und seinen Charakter wider. Freundschaften entstehen nicht zufällig – sie basieren auf gemeinsamen Einstellungen, Interessen oder Prinzipien. Wer wissen will, wie jemand wirklich ist, sollte nicht nur auf seine Worte achten, sondern auf die Menschen, die ihn begleiten.

Was sagen deine engsten Beziehungen über dich aus?

"*Es kommt darauf an, wer mit dir im Regen steht,*
wenn er die Möglichkeit hat,
im Trockenen zu bleiben."

– unbekannt –

Wahre Verbundenheit zeigt sich nicht in guten Zeiten, sondern in Momenten der Herausforderung. Wer bleibt, wenn es schwierig wird, tut dies nicht aus Bequemlichkeit, sondern aus echter Loyalität. Verlässlichkeit misst sich daran, wer freiwillig an deiner Seite steht, wenn er es nicht müsste.

Welche Menschen in deinem Leben haben bewiesen, dass sie auch im Regen bei dir bleiben?

> *Füttere nicht jeden Hund, den du siehst –*
> *manche brauchen nur Kraft, um dich zu beißen.*
> *– unbekannt –*

Nicht jede gute Tat wird mit Dankbarkeit erwidert. Manche Menschen nutzen Freundlichkeit nur aus, um später gegen dich zu handeln. Wahre Hilfsbereitschaft bedeutet nicht, blind zu geben, sondern klug zu entscheiden, wem man Vertrauen und Unterstützung schenkt.

Wo in deinem Leben wäre es sinnvoll, genauer hinzusehen, bevor du deine Energie investierst?

Persönliche Reflexion

Was war bislang deine wichtigste Regel, die du in puncto Beziehungen gepflegt hast?

Wie hat sich deine Denkweise zu dem Thema durch das Kapitel geändert?

Welche Moral wird in Zukunft dein Handeln in Beziehungen maßgeblich lenken?

Gibt es Denkweisen und Ansichten, die du gerne mit anderen erörtern würdest?

Arbeit, Erfolg & Scheitern

Arbeit ist ein wesentlicher Bestandteil unseres Lebens. Sie gibt uns Struktur, Sinn und die Möglichkeit, etwas zu erschaffen. Doch mit der Arbeit kommen auch Herausforderungen – der Wunsch nach Erfolg, die Angst vor dem Scheitern und der Umgang mit Rückschlägen. Große Denker haben erkannt, dass wahrer Erfolg nicht nur im äußeren Erreichen von Zielen liegt, sondern in der Beharrlichkeit, mit der wir unseren Weg gehen.

Dieses Kapitel versammelt Zitate, die dazu anregen, über die Bedeutung von Arbeit, Leistung und Misserfolg nachzudenken. Sie erinnern uns daran, dass Scheitern oft der erste Schritt zum Erfolg ist und dass echte Erfüllung nicht in äußeren Belohnungen liegt, sondern in der Freude am Tun. Wer Arbeit als Wachstumsprozess begreift und Rückschläge als Lernchancen sieht, findet langfristig den größten Erfolg – und innere Zufriedenheit.

Wer auf den Wind achtet, der sät nicht;
und wer auf die Wolken sieht, der erntet nicht.

– Prediger 11:4, Bibel –

Wer immer auf perfekte Bedingungen wartet, wird nie ins Handeln kommen. Zweifel und Unsicherheiten gehören zum Leben, doch wer sich nur nach äußeren Umständen richtet, verpasst Gelegenheiten. Erfolg entsteht nicht durch Abwarten, sondern durch den Mut, auch unter unsicheren Bedingungen aktiv zu werden.

Wo in deinem Leben hält dich das Warten auf den „richtigen Moment“ davon ab, loszulegen?

> *Man darf das Schiff nicht an einen einzigen Anker und das Leben nicht an eine einzige Hoffnung binden.*
>
> *– Epiktet –*

Epiktet warnt uns davor, unser Leben auf nur eine einzige Hoffnung oder ein einziges Ziel zu stützen. So wie ein Schiff mit mehreren Ankern sicherer liegt, sollten auch wir uns nicht vollständig von nur einer Sache abhängig machen – sei es ein bestimmter Plan, eine Person oder eine einzige Vorstellung von Erfolg.

Das Leben ist unvorhersehbar, und wenn unsere einzige Hoffnung zerbricht, verlieren wir Halt. Stattdessen sollten wir flexibel bleiben, verschiedene Möglichkeiten in Betracht ziehen und auf mehrere Standbeine setzen.

Setzt du all deine Hoffnungen auf eine einzige Sache – und was würde passieren, wenn sie nicht eintritt?

> *Wir sollten unsere Vorhaben nicht aufgeben, nur weil wir befürchten, sie nie zur Vollendung bringen zu können.*
>
> – *Epiktet* –

Es wird zur Ausdauer und zum langfristigen Denken ermutigt. Oft zögern wir, große Vorhaben anzugehen, weil wir Angst haben, sie nicht vollständig oder perfekt abschließen zu können. Doch der wahre Wert eines Ziels liegt nicht nur im Endergebnis, sondern im Fortschritt und im Lernen auf dem Weg dorthin.

Auch wenn wir ein Ziel vielleicht nie ganz erreichen, bringt uns jeder Schritt in diese Richtung Wachstum und Erkenntnis. Der wichtigste Fehler wäre, gar nicht erst anzufangen.

Wäre es nicht besser, ein Stück des Weges zu gehen, als aus Angst vor dem Scheitern gar nicht erst loszulaufen?

> *Lernen in der Jugend ist wie das Schnitzen in Stein;*
> *Lernen im Alter ist wie das Schreiben in Wasser.*
>
> *– Arabisches Sprichwort –*

Was wir in jungen Jahren lernen, prägt uns tief und dauerhaft, während neues Wissen im Alter oft schwerer haften bleibt. Früh erworbene Einsichten formen unseren Charakter, während späte Lektionen schneller verblassen. Bildung und Selbstentwicklung sollten daher nicht aufgeschoben, sondern als lebenslanger Prozess verstanden werden.

Welche Fähigkeiten oder Erkenntnisse hättest du dir früher aneignen wollen, anstatt sie erst später zu suchen?

Mehr geht durch Unentschlossenheit verloren als durch falsche Entscheidungen.

– Marcus Tullius Cicero –

Zögern und Untätigkeit führen oft zu größeren Verlusten als ein falscher Schritt, denn aus Fehlern kann man lernen – aus verpassten Chancen nicht. Wer sich nicht entscheidet, lässt das Leben an sich vorbeiziehen, während Mut zur Handlung Entwicklung ermöglicht. Selbst eine falsche Entscheidung bringt dich weiter als keine.

Wo in deinem Leben hält dich Unentschlossenheit davon ab, voranzukommen?

Wenn es dir wichtig ist, wirst du einen Weg finden.
Wenn nicht, wirst du eine Ausrede finden.

– Jim Rohn –

Wahrer Wille zeigt sich nicht in Worten, sondern in Taten. Wer etwas wirklich will, sucht nach Lösungen, während fehlende Entschlossenheit oft in Ausreden mündet. Hindernisse gibt es immer – doch ob sie dich aufhalten oder motivieren, liegt an dir.

Gibt es etwas in deinem Leben, das du wirklich willst, aber bisher nur Gründe findest, warum es nicht geht?

> *Was vom Wind gebracht wird, wird vom Wind genommen. Aber was du mit Mühe verdienst, kann nicht einmal ein Sturm fortreißen.*
>
> *– Persisches Sprichwort –*

Alles, was leicht kommt, kann genauso schnell wieder verschwinden. Wahre Errungenschaften entstehen durch Einsatz, Beständigkeit und harte Arbeit – sie sind tief verwurzelt und nicht von äußeren Umständen abhängig. Nur das, was du dir wirklich erarbeitet hast, bleibt dauerhaft bestehen.

Welche deiner Errungenschaften haben Bestand, weil sie auf Mühe und Durchhaltevermögen beruhen?

> *Wenn der Wind des Wandels weht,*
> *bauen manche Mauern, andere Windmühlen.*
>
> *– Chinesisches Sprichwort –*

Veränderung ist unvermeidlich – doch ob sie als Bedrohung oder Chance gesehen wird, liegt an der eigenen Einstellung. Während einige versuchen, den Wandel aufzuhalten, nutzen andere ihn für ihr Wachstum. Anpassungsfähigkeit und Offenheit entscheiden darüber, ob man mit der Zeit geht oder von ihr überrollt wird.

Wie gehst du mit Veränderungen um – als Hindernis oder als Möglichkeit?

Ein Mann ist nicht groß, weil er nie gescheitert ist, sondern weil ihn sein Scheitern nicht aufgehalten hat.

– Konfuzius –

Wahre Größe zeigt sich nicht in Fehlerlosigkeit, sondern in der Fähigkeit, nach Rückschlägen wieder aufzustehen. Jeder scheitert, aber nur diejenigen, die weitermachen, wachsen daran. Erfolg entsteht nicht durch Perfektion, sondern durch Ausdauer und den Willen, aus Fehlern zu lernen.

Wann hat dich ein Scheitern letztlich stärker gemacht, anstatt dich zu stoppen?

Wer zwei Hasen jagt, fängt keinen.

– Chinesisches Sprichwort –

Wer versucht, alles gleichzeitig zu erreichen, wird am Ende oft nichts wirklich vollenden. Fokus und Entschlossenheit sind entscheidend, um Fortschritte zu machen – zu viele Ziele gleichzeitig führen nur zu Zerstreuung. Erfolg entsteht, wenn man seine Energie auf das Wesentliche richtet.

Gibt es in deinem Leben etwas, bei dem du dich verzettelst, anstatt dich auf das Wichtigste zu konzentrieren?

> *Wer einen Samen pflanzt, gräbt ihn nicht alle zehn Minuten aus, um zu sehen, ob er wächst.*
>
> *– Asiatische Weisheit –*

Geduld ist ein wesentlicher Bestandteil jeder Entwicklung. Wachstum – sei es bei Menschen, Projekten oder Zielen – braucht Zeit und Vertrauen in den Prozess. Wer zu ungeduldig ist und ständig an etwas zweifelt, verhindert oft dessen Entfaltung.

In welchem Bereich deines Lebens solltest du mehr Vertrauen und Geduld aufbringen, anstatt ständige Kontrolle auszuüben?

Faulheit ist die Mutter allen Übels. Wer vor der Arbeit flieht, öffnet der Versuchung Tür und Tor.

– Johannes Chrysostomus –

Untätigkeit führt oft nicht zu Ruhe, sondern macht anfällig für Ablenkung und schlechte Entscheidungen. Wer sich sinnvollen Aufgaben entzieht, gibt Raum für Trägheit und negative Einflüsse. Arbeit und Beschäftigung hingegen stärken Charakter und Disziplin.

In welchen Momenten hast du erlebt, dass produktives Handeln dich vor unnötigen Sorgen oder Versuchungen bewahrt hat?

> *Nicht jeder, der das Zebra jagt, fängt es –*
> *aber jeder, der es gefangen hat, hat es gejagt.*
>
> *– Südafrikanisches Sprichwort –*

Erfolg ist nie garantiert, aber ohne den Versuch bleibt er unmöglich. Wer etwas erreichen will, muss den ersten Schritt wagen, auch wenn das Ergebnis unsicher ist. Beharrlichkeit und Einsatz sind die einzigen Wege, ein Ziel überhaupt in Reichweite zu bringen.

Gibt es etwas, das du dir wünschst, aber noch nicht wirklich verfolgt hast?

Wenn du schnell reisen willst, nimm die alten Wege.

– Vietnamesisches Sprichwort –

Bewährte Wege existieren nicht ohne Grund – sie sind das Ergebnis von Erfahrung und Wissen, das über Generationen gewachsen ist. Wer sich darauf stützt, kann Zeit und Fehler sparen, anstatt alles von Grund auf neu zu erfinden. Tradition und Fortschritt müssen kein Widerspruch sein, sondern können sich ergänzen.

In welchen Bereichen deines Lebens könnten bewährte Methoden dir helfen, schneller ans Ziel zu kommen?

> *Beurteile einen Menschen nicht nach dem Ort,
> an dem er steht – sondern danach,
> wie weit er gekommen ist.*
>
> *– Les Brown –*

Ein Mensch ist mehr als sein aktueller Status – seine wahre Leistung zeigt sich in seinem Weg, nicht nur im Ergebnis. Wer große Hürden überwunden hat, mag weniger weit erscheinen als andere, hat aber vielleicht den größeren inneren Fortschritt gemacht. Jeder startet von einem anderen Punkt, und Wachstum zählt mehr als bloßer Stillstand auf hohem Niveau.

In welchen Bereichen deines Lebens solltest du deinen Fortschritt anerkennen, anstatt dich nur mit dem Endziel zu messen?

Persönliche Reflexion

Wie bewertest du deinen bisherigen Umgang mit Arbeit & Fleiß?

Wie hat sich deine Denkweise zu dem Thema durch das Kapitel geändert?

Wie wird in Zukunft dein Umgang mit
Arbeit, Erfolg & Scheitern sein?

Gibt es Denkweisen und Ansichten, die du gerne
mit anderen erörtern würdest?

MUT & DURCHHALTEVERMÖGEN

Mut bedeutet nicht die Abwesenheit von Angst, sondern die Entscheidung, trotz ihr zu handeln. Jeder Mensch begegnet in seinem Leben Herausforderungen, Rückschlägen und Unsicherheiten. Was uns wachsen lässt, ist die Fähigkeit, standhaft zu bleiben, Widerstände zu überwinden und mit Entschlossenheit unseren Weg zu gehen.

Die Zitate in diesem Kapitel beleuchten die Bedeutung von Mut und Durchhaltevermögen. Sie erinnern uns daran, dass echte Stärke oft in Momenten des Zweifels entsteht und dass Ausdauer der Schlüssel zum Erfolg ist. Wer den Mut hat, sich seinen Ängsten zu stellen und trotz Hindernissen voranzugehen, wird nicht nur seine Ziele erreichen, sondern auch eine tiefere innere Kraft entdecken.

> *Wovor hast du Angst, zu verlieren,*
> *wenn dir in dieser Welt nichts wirklich gehört?*
>
> *– Marcus Aurelius –*

Anhaftung an Besitz, Status oder sogar Menschen erzeugt Angst, doch letztlich ist alles vergänglich. Wahre Gelassenheit entsteht, wenn wir erkennen, dass nichts wirklich unser Eigentum ist – nicht einmal unser eigenes Leben.
Wer weniger klammert, kann freier und friedvoller leben.

Welche Ängste halten dich fest, obwohl du letztlich nichts für immer behalten kannst?

> *Eine Katze, die davon träumt, ein Löwe zu werden, muss ihre Lust auf Ratten verlieren.*
>
> *– Afrikanisches Sprichwort –*

Große Ziele erfordern, alte Gewohnheiten hinter sich zu lassen.
Wer wachsen will, kann nicht an Dingen festhalten, die ihn klein halten.
Wahre Veränderung beginnt mit der Bereitschaft, Opfer zu bringen
und sich auf das auszurichten, was wirklich zählt.

Welche alten Muster oder Bequemlichkeiten müsstest du loslassen, um deine größte Version zu werden?

> *Es gibt nur einen Weg, Kritik zu vermeiden:*
> *Nichts tun, nichts sagen und nichts sein.*
>
> *– Aristoteles –*

Wer sichtbar wird, macht sich immer angreifbar – doch Angst vor Kritik darf nicht zum Stillstand führen. Jede Handlung und jede Meinung wird irgendjemanden stören, doch wahres Leben bedeutet, trotz möglicher Urteile seinen eigenen Weg zu gehen. Erfolg und Wachstum sind nur möglich, wenn man bereit ist, auch Widerspruch zu ertragen.

In welchen Bereichen hält dich die Angst vor Kritik davon ab, dein volles Potenzial zu entfalten?

Ein Mensch, der Angst vor dem Leiden hat, leidet bereits unter seiner Angst.

– Michel de Montaigne –

Die Furcht vor Schmerz kann belastender sein als das Leiden selbst. Wer ständig Angst vor möglichen Schwierigkeiten hat, erschafft sich sein eigenes Leid, noch bevor etwas überhaupt geschieht. Statt das Leben von Angst bestimmen zu lassen, hilft es, den Moment bewusst zu leben.

Wo in deinem Leben verursacht die Angst vor etwas mehr Stress als die Sache selbst?

> *Menschen sind so mächtig, dass sie machtlos werden, wenn sie sich selbst für machtlos halten.*
>
> *– unbekannt –*

Unsere größte Begrenzung liegt oft in unserem eigenen Denken. Wer sich für machtlos hält, gibt seine Kraft auf, bevor er sie überhaupt genutzt hat. Wahre Stärke entsteht nicht durch äußere Umstände, sondern durch den Glauben an die eigene Fähigkeit, etwas zu verändern.

Wo in deinem Leben hält dich nur deine eigene Überzeugung davon ab, dein volles Potenzial zu entfalten?

> *Schwierigkeiten sind die Geburtshelfer der Größe.*
>
> *– William Cullen Bryant –*

Herausforderungen sind keine Hindernisse, sondern Prüfsteine, an denen wahres Wachstum entsteht. Ohne Widerstand gibt es keine Entwicklung – Größe formt sich in Momenten, die uns fordern und unsere Grenzen erweitern. Wer Schwierigkeiten annimmt, erschafft die Grundlage für Stärke und Erfolg.

Welche Herausforderung in deinem Leben könnte dich letztlich stärker machen, anstatt dich aufzuhalten?

> *Wage etwas, und du könntest verlieren.*
> *Wage nichts, und du hast bereits verloren.*
>
> *– Søren Kierkegaard –*

Jedes Risiko birgt die Möglichkeit des Scheiterns, doch Untätigkeit garantiert Stillstand. Wer nichts wagt, verhindert nicht den Verlust, sondern nur die Chance auf Wachstum und Erfolg. Mut bedeutet, Unsicherheit zu akzeptieren und trotzdem zu handeln.

Wo in deinem Leben hält dich die Angst vor dem Verlieren davon ab, überhaupt ins Spiel zu gehen?

Nicht den Berg bezwingen wir, sondern uns selbst.

– Edmund Hillary –

Herausforderungen im Außen sind oft nur Spiegel innerer Kämpfe. Der wahre Sieg liegt nicht im Erreichen des Gipfels, sondern in der Überwindung von Zweifeln, Ängsten und Grenzen. Jede große Leistung beginnt mit der Entscheidung, sich selbst nicht im Weg zu stehen.

Welchen inneren Widerstand müsstest du überwinden, um dein nächstes Ziel zu erreichen?

Jeder Moment ohne Angst macht einen Menschen unsterblich.

– Alexander der Große –

Angst begrenzt das Leben mehr als die Zeit selbst. Wer sich von ihr beherrschen lässt, lebt in Zurückhaltung, während jeder mutige Moment Freiheit schafft. Wahre Unsterblichkeit liegt nicht im endlosen Leben, sondern in der Furchtlosigkeit, das eigene Potenzial auszuleben.

In welchen Situationen könntest du freier sein, wenn du die Angst loslassen würdest?

Wir reifen nicht mit den Jahren,
sondern mit den Narben.

– Mateus William –

Wahre Reife entsteht nicht durch Zeit allein, sondern durch die Erfahrungen, die uns prägen. Jede Narbe – sei sie körperlich oder seelisch – erzählt von einem überwundenen Kampf und einem gewonnenen Stück Weisheit. Wachstum geschieht dort, wo Schmerz nicht nur ertragen, sondern in Erkenntnis verwandelt wird.

Welche deiner „Narben" hat dich am meisten geformt und stärker gemacht?

> *Der Mensch kann sich nicht neu erschaffen, ohne zu leiden – denn er ist sowohl der Marmor als auch der Bildhauer.*
>
> *– Alexis Carrel –*

Wachstum erfordert oft Schmerz, denn jede Veränderung bedeutet, sich von alten Teilen seines Selbst zu trennen. Wir formen uns selbst, doch dieser Prozess ist nicht ohne Anstrengung – wir müssen uns schleifen, formen und manchmal auch zerstören, um etwas Neues entstehen zu lassen. Wahre Entwicklung geschieht dort, wo wir bereit sind, den eigenen Widerstand zu überwinden.

Welche inneren Veränderungen könnten dich näher zu der Person bringen, die du sein möchtest?

> *Probleme sind ein Teil des Lebens –*
> *ihnen zu begegnen ist die Kunst des Lebens.*
>
> *– unbekannt –*

Herausforderungen lassen sich nicht vermeiden, doch der Umgang mit ihnen entscheidet über unser Wachstum. Wer Probleme als unüberwindbare Hindernisse sieht, bleibt stehen, während andere sie als Chancen zur Weiterentwicklung nutzen. Die wahre Kunst des Lebens liegt darin, Schwierigkeiten nicht als Last, sondern als Wegweiser zu betrachten.

Wie könntest du eine aktuelle Herausforderung als Gelegenheit zum Wachsen sehen?

> *Die zwei mächtigsten Krieger sind Geduld und Zeit.*
>
> *– Leo Tolstoi –*

Wahre Stärke zeigt sich nicht in schnellen Siegen, sondern in der Fähigkeit, langfristig durchzuhalten. Geduld und Zeit überwinden Widerstände, wo Hast und Ungeduld scheitern. Wer große Ziele erreichen will, muss lernen, auf den richtigen Moment zu warten und konsequent dranzubleiben.

In welchem Bereich deines Lebens könnten Geduld und Zeit der Schlüssel zum Erfolg sein?

Selbst die dunkelste Nacht geht vorbei,
und die Sonne wird wieder aufgehen.

– Victor Hugo –

Kein Leid, keine Krise und keine schwierige Phase hält ewig an. Auch wenn es in dunklen Momenten schwer vorstellbar ist, bringt die Zeit immer Veränderung und neue Hoffnung. Wer durchhält, wird irgendwann das Licht wiedersehen.

Welche schwierige Situation in deinem Leben könnte nur eine Phase sein, die du überstehen wirst?

> *Schmerz ist der beste Lehrer –*
> *doch niemand will bei ihm Unterricht nehmen.*
>
> *– Choi Hong Hi –*

Schmerz bringt die tiefsten Lektionen des Lebens, doch wir vermeiden ihn, solange es geht. Erst wenn wir ihn annehmen, erkennen wir, dass er uns formt, lehrt und stärker macht. Wachstum entsteht nicht aus Bequemlichkeit, sondern aus den Herausforderungen, die wir überwinden.

Welche schmerzhaften Erfahrungen haben dir am meisten beigebracht, auch wenn du sie nie freiwillig gewählt hättest?

Nur dem, der den Mut hat,
seinen Weg zu gehen, offenbart sich der Weg.

– Paulo Coelho –

Klarheit entsteht nicht durch Warten, sondern durch Handeln. Wer auf Sicherheit hofft, bevor er losgeht, bleibt stehen – doch oft zeigt sich der richtige Weg erst, wenn man ihn zu gehen beginnt. Mut bedeutet, auch ohne vollständige Gewissheit voranzuschreiten.

Wo in deinem Leben hält dich die Angst vor dem Unbekannten davon ab, den ersten Schritt zu machen?

> *Man ertrinkt nicht, weil man ins Wasser fällt, sondern weil man darin bleibt.*
>
> – *Paulo Coelho* –

Fehler und Rückschläge sind unvermeidlich, doch sie allein bestimmen nicht unser Schicksal – entscheidend ist, ob wir darin verharren oder uns wieder aufrichten. Wer sich von Misserfolgen lähmen lässt, gibt auf, während andere sie als Chance zur Weiterentwicklung nutzen. Wahre Stärke zeigt sich nicht im Vermeiden des Fallens, sondern im Willen, wieder aufzustehen.

Welche Situation in deinem Leben könnte sich verändern, wenn du dich entscheidest, nicht im „Wasser" zu bleiben?

Persönliche Reflexion

Wie ordnest du dich bisher beim Thema „Mut & Durchhaltevermögen“ ein?

Welche neuen Erkenntnisse hast du zu dem Thema gewonnen?

Welcher Grundsatz wird dein Handeln in Zukunft wesentlichlich verbessern ?

Gibt es Denkweisen und Ansichten, die du gerne mit anderen erörtern würdest?

Macht, Politik & Gesellschaft

Macht und Politik prägen das Zusammenleben der Menschen seit jeher. Sie können als Werkzeuge für Gerechtigkeit und Fortschritt dienen, aber auch zu Unterdrückung und Korruption führen. Große Denker haben sich intensiv mit der Frage auseinandergesetzt, wie Macht verantwortungsvoll eingesetzt werden kann und welche Rolle der Einzelne in der Gesellschaft spielt.

Dieses Kapitel versammelt Zitate, die uns zum Nachdenken über die Natur der Macht, die Verantwortung politischer Führung und unser eigenes gesellschaftliches Handeln anregen. Sie fordern uns auf, kritisch zu hinterfragen, welche Werte eine gerechte Gesellschaft ausmachen, und erinnern uns daran, dass wahre Autorität nicht in Zwang, sondern in Weisheit und Integrität liegt. Denn eine starke Gesellschaft entsteht nicht durch die Herrschaft weniger, sondern durch das bewusste Handeln vieler.

Wenn das Wasser steigt, fressen die Fische die Ameisen; wenn das Wasser sinkt, fressen die Ameisen die Fische.

– Lao Tzu –

Macht und Umstände sind vergänglich – heute mag jemand oben sein, morgen kann sich das Blatt wenden. Das Leben ist zyklisch, und wer sich unantastbar fühlt, sollte nicht vergessen, dass sich jede Situation verändern kann. Wahre Weisheit liegt darin, demütig zu bleiben, egal ob man oben oder unten steht.

Wie gehst du mit Erfolg und Rückschlägen um, wenn du weißt, dass nichts für immer bleibt?

"*Der Wolf heult, aber es ist der Hirte, der entscheidet, welches Schaf stirbt.*"

– Albanisches Sprichwort –

Lautstärke allein bestimmt nicht über Einfluss – wahre Macht liegt bei denen, die Entscheidungen treffen. Wer Kontrolle über eine Situation haben will, sollte sich nicht nur auf die sichtbarsten Stimmen konzentrieren, sondern darauf, wer wirklich die Fäden in der Hand hält. Einfluss zeigt sich oft nicht in Worten, sondern in Handlungen.

In welchen Bereichen deines Lebens könnte es wichtig sein, genauer hinzusehen, wer wirklich die Entscheidungen trifft?

Solange der Löwe nicht schreiben lernt,
wird jede Geschichte den Jäger verherrlichen.

– Afrikanisches Sprichwort –

Geschichte wird oft von den Siegern erzählt, doch das bedeutet nicht, dass sie die einzige Wahrheit ist. Wer nicht selbst seine Stimme erhebt, lässt andere über seine Narrative bestimmen. Wahre Gerechtigkeit entsteht, wenn alle Perspektiven gehört werden.

In welchen Bereichen deines Lebens solltest du deine eigene Geschichte schreiben, anstatt sie von anderen definieren zu lassen?

Ein Esel, beladen mit Gold, öffnet jedes Burgtor.

– Arabisches Sprichwort –

Reichtum kann Türen öffnen, die sonst verschlossen bleiben – oft zählt nicht Verdienst oder Weisheit, sondern bloß materieller Einfluss. Doch was mit Gold erkauft wird, ist nicht immer von Dauer oder von echtem Wert. Wahre Stärke liegt darin, sich nicht nur auf äußere Mittel zu verlassen, sondern auf Charakter und Fähigkeiten.

Wo in deinem Leben ist Integrität wichtiger als bloßer materieller Vorteil?

> *Wenn kleine Menschen beginnen, große Schatten zu werfen, bedeutet das, dass die Sonne untergeht.*
>
> *– Lin Yutang –*

Wenn unbedeutende oder unfähige Menschen plötzlich großen Einfluss gewinnen, ist das oft ein Zeichen für den Niedergang größerer Werte. Wahre Größe zeigt sich nicht in aufgeblähtem Schatten, sondern in Substanz und Weisheit. Eine Gesellschaft oder Gemeinschaft sollte darauf achten, wer wirklich leuchtet und wer nur von schwindendem Licht profitiert.

Wo in deinem Umfeld könnte es wichtig sein, hinter die bloßen Schatten zu blicken?

*Zeige dich schwach, wenn du stark bist,
und stark, wenn du schwach bist.*

– Sun Tzu –

Täuschung und Strategie sind oft mächtiger als rohe Kraft. Wer seine wahre Stärke verbirgt, kann Überraschungsmomente nutzen, während das Zeigen von Schwäche in schwierigen Zeiten Gegner in falscher Sicherheit wiegt. Kluges Handeln bedeutet, nicht immer offensichtlich zu agieren, sondern den richtigenMoment abzuwarten.

In welchen Situationen könnte es klüger sein, deine Stärke oder Schwäche gezielt einzusetzen?

Wenn ein Baum fällt, hört jeder den Lärm.
Wenn ein Baum wächst, hört es niemand.

– Persisches Sprichwort –

Zerstörung und Scheitern sind laut, während Wachstum oft still und unsichtbar geschieht. Menschen bemerken oft nur spektakuläre Ereignisse, doch wahre Entwicklung findet im Verborgenen statt – kontinuierlich, geduldig und ohne Applaus. Erfolg entsteht nicht über Nacht, sondern durch beständiges Wachsen.

Wo in deinem Leben wächst du im Stillen, auch wenn es niemand sieht?

"*In diesem Leben sterben die Mutigen,*
die Klugen werden verrückt, und die Welt
bleibt voller glücklicher Narren."

– unbekannt –

Mutige riskieren alles, Kluge zerbrechen oft an der Wahrheit, während Unwissende sorgenfrei durchs Leben gehen. Die Welt belohnt nicht immer Weisheit oder Tapferkeit, sondern oft jene, die sich nicht zu viele Gedanken machen. Doch wahres Leben besteht nicht nur aus Glück, sondern aus Bedeutung und Tiefe.

Ist es wichtiger, unbedacht glücklich zu sein oder bewusst seinen eigenen Weg zu gehen, selbst wenn er schwieriger ist?

> *Die Gesellschaft ist nur eine Ansammlung von Sündern, die andere Sünder für ihre andersartigen Sünden verurteilen.*
>
> *– Christliche Morallehre –*

Jeder Mensch macht Fehler, doch anstatt sich der eigenen Unvollkommenheit bewusst zu sein, neigt die Gesellschaft dazu, die Verfehlungen anderer zu richten. Moralische Überlegenheit ist oft eine Illusion, denn wir alle kämpfen mit unseren eigenen Schwächen. Wahre Ethik beginnt dort, wo wir uns selbst reflektieren, bevor wir über andere urteilen.

In welchen Momenten hast du vielleicht andere verurteilt, ohne deine eigenen Fehler zu hinterfragen?

> *Wenn du eine Nation ohne Krieg zerstören willst, mache Ehebruch und Nacktheit unter der Jugend normal.*
>
> *– Salahuddin –*

Eine Gesellschaft zerfällt nicht nur durch äußere Feinde, sondern auch durch den schleichenden Verlust von Werten und Disziplin. Wenn grundlegende moralische Strukturen erodieren, verlieren Menschen Orientierung und Zusammenhalt. Wahre Stärke einer Nation liegt nicht nur in ihrer Wirtschaft oder Armee, sondern in den Prinzipien, die sie bewahrt.

Welche Werte sind es wert, in einer sich wandelnden Welt verteidigt zu werden?

Ein einzelner Tod ist eine Tragödie.
Zehntausend Tote sind eine Statistik.

– Joseph Stalin –

Das menschliche Mitgefühl hat Grenzen – während ein einzelnes Schicksal uns tief berührt, verlieren große Zahlen oft ihre Bedeutung. Anonymität entmenschlicht das Leid, und Massensterben wird zu einer abstrakten Größe, die leichter ignoriert werden kann. Wahre Empathie zeigt sich darin, hinter jeder Zahl den einzelnen Menschen zu sehen.

Wie oft lassen wir uns von Statistiken abstumpfen, anstatt das menschliche Schicksal dahinter wahrzunehmen?

Der Krieger, der dem Lächeln seines Feindes traut, ist bereits auf halbem Weg ins Grab.

– unbekannt –

Täuschung ist eine Waffe, und nicht jeder, der freundlich erscheint, hat gute Absichten. Ein wahrer Krieger bleibt wachsam und sieht hinter die Fassade, denn Vertrauen an der falschen Stelle kann verhängnisvoll sein. Weisheit bedeutet, zwischen echter Verbundenheit und strategischer Täuschung zu unterscheiden.

Wo in deinem Leben könnte gesunde Vorsicht dich vor Enttäuschungen bewahren?

> *Der Tag, an dem der Blinde sehen kann,*
> *ist der Tag, an dem er als Erstes den Stock wegwirft,*
> *der ihm immer geholfen hat.*
>
> *– unbekannt –*

Menschen neigen dazu, das zu vergessen oder abzulehnen, was ihnen einst geholfen hat, sobald sie glauben, es nicht mehr zu brauchen. Doch wahre Dankbarkeit zeigt sich darin, die eigenen Wurzeln und Unterstützer nicht zu missachten. Wachstum bedeutet nicht, alte Helfer achtlos abzulegen, sondern sie wertzuschätzen.

Gibt es in deinem Leben etwas oder jemanden, dem du mehr Anerkennung schenken solltest, weil es dich dorthin gebracht hat, wo du heute stehst?

> *Richtig ist richtig, auch wenn es niemand tut.*
> *Falsch ist falsch, auch wenn es jeder tut.*
>
> *– Augustinus von Hippo –*

Moralische Prinzipien sollten nicht von Mehrheiten oder Trends abhängen. Wahrheit und Ethik bleiben bestehen, unabhängig davon, ob sie anerkannt oder ignoriert werden. Wer sich nach dem richtet, was alle tun, läuft Gefahr, seine eigenen Werte zu verraten.

In welchen Momenten hast du schon einmal gegen den Strom handeln müssen, weil es das Richtige war?

"*Gnade gegenüber Schuldigen ist Grausamkeit gegenüber Unschuldigen.*

– Adam Smith –"

Nachsicht gegenüber denen, die Unrecht tun, kann dazu führen, dass Unschuldige darunter leiden. Wenn Fehlverhalten ohne Konsequenzen bleibt, trägt es dazu bei, dass Unrecht weiterbesteht. Wahre Gerechtigkeit liegt nicht nur in Milde, sondern auch darin, diejenigen zu schützen, die nichts falsch gemacht haben.

Wo in deinem Leben könnte übermäßige Nachsicht gegenüber falschem Verhalten ungewollten Schaden anrichten?

> *Ein Idiot ist ein Idiot.*
> *Zwei Idioten sind zwei Idioten.*
> *Zehntausend Idioten sind eine politische Partei.*
>
> *– Franz Kafka –*

Masse allein macht aus falschem Denken keine Wahrheit. Wenn genug Menschen eine Idee unterstützen, wird sie gesellschaftlich legitimiert – selbst wenn sie irrational oder destruktiv ist. Kritisches Denken bedeutet, nicht nur der Mehrheit zu folgen, sondern selbst zu hinterfragen.

In welchen Bereichen deines Lebens verlässt du dich auf die Meinung der Masse, anstatt selbst zu reflektieren?

Jeder Mensch ist ein Kind seiner Zeit –
nur wenige erheben sich über sie.

– Voltaire –

Die meisten Menschen übernehmen unbewusst die Werte und Überzeugungen ihrer Epoche, ohne sie zu hinterfragen. Nur wenige besitzen die Weitsicht und den Mut, sich über den Zeitgeist hinwegzusetzen und unabhängig zu denken. Wahre Größe zeigt sich darin, nicht nur mit der Strömung zu treiben, sondern auch gegen sie zu schwimmen, wenn es nötig ist.

In welchen Bereichen könntest du deine Ansichten kritisch hinterfragen, anstatt sie einfach aus deiner Umgebung zu übernehmen?

Du musst verstehen:
Das Gesetz ist wie ein Spinnennetz –
nur die kleinen Insekten bleiben darin hängen.

– Afrikanisches Sprichwort –

Gerechtigkeit sollte für alle gelten, doch in der Realität trifft das Gesetz oft die Schwachen härter als die Mächtigen. Während einfache Menschen für Fehler zur Rechenschaft gezogen werden, finden Einflussreiche oft Wege, sich zu entziehen. Wahre Rechtsstaatlichkeit zeigt sich darin, ob sie unabhängig von Macht und Status funktioniert.

Wo in deinem Umfeld erlebst du, dass Regeln nicht für alle gleichermaßen gelten?

> *Eine Gesellschaft,*
> *die ihre Gelehrten von ihren Kriegern trennt,*
> *wird von Feiglingen regiert und von Narren verteidigt.*
> *– Thukydides –*

Wissen und Stärke müssen Hand in Hand gehen, denn eine Gesellschaft, die nur eines davon fördert, gerät aus dem Gleichgewicht. Wenn Intellektuelle keinen Einfluss haben, fehlt es an kluger Führung, und wenn Krieger ohne Weisheit handeln, fehlt es an Weitsicht. Wahre Stabilität entsteht, wenn Bildung und Verteidigung sich ergänzen.

Wo in der heutigen Gesellschaft zeigt sich ein Ungleichgewicht zwischen Wissen und Macht?

Lass deine Pläne dunkel und undurchdringlich sein
wie die Nacht – und wenn du zuschlägst,
falle wie ein Blitz.

– Sun Tzu –

Erfolg erfordert Strategie und Unvorhersehbarkeit. Wer seine Absichten offenlegt, macht sich angreifbar, während kluge Zurückhaltung Überraschungsmomente schafft. Wahre Stärke liegt darin, geduldig den richtigen Moment abzuwarten und dann entschlossen zu handeln.

In welchen Bereichen deines Lebens könnte weniger Offenlegung und mehr strategische Vorbereitung dir einen Vorteil verschaffen?

Dein Feind kann deine Strategie nicht erraten, wenn du gar keine hast.

– Sun Tzu –

Unvorhersehbarkeit kann eine wirksame Taktik sein, doch wahre Stärke liegt nicht im ziellosen Handeln, sondern in der Fähigkeit, flexibel zu bleiben. Wer keinen festen Plan verfolgt, kann nicht berechenbar werden – doch ohne Richtung fehlt auch die Kontrolle über das eigene Schicksal.

In welchen Situationen könnte es klug sein, deine Strategie bewusst offenzulassen, anstatt dich auf ein starres Muster festzulegen?

Persönliche Reflexion

Inwieweit warst du dir bisher über Machtstrukturen in der Politik & Gesellschaft bewusst?

Wie hat sich deine Denkweise zu dem Thema durch das Kapitel geändert?

Wie wird sich dein Umgang mit diesen Strukturen in Zukunft ändern?

Gibt es Denkweisen und Ansichten, die du gerne mit anderen erörtern würdest?

Sprache & Kommunikation

Sprache ist eines der mächtigsten Werkzeuge des Menschen. Sie verbindet uns mit anderen, ermöglicht den Austausch von Ideen und prägt unser Denken. Doch wahre Kommunikation geht über Worte hinaus – sie erfordert Zuhören, Verständnis und die Fähigkeit, klar und wahrhaftig zu sprechen.

Die in diesem Kapitel versammelten Zitate beleuchten die Kunst der Sprache und die Bedeutung guter Kommunikation. Sie erinnern uns daran, dass Worte sowohl heilen als auch verletzen können, dass Stille manchmal mehr sagt als tausend Worte und dass wahre Weisheit oft in der Einfachheit liegt. Wer bewusst kommuniziert, schafft nicht nur bessere Beziehungen, sondern auch eine tiefere Verbindung zur Welt und zu sich selbst.

Der Mund sollte drei Torwächter haben:
Ist es wahr? Ist es freundlich? Ist es notwendig?

– Arabisches Sprichwort –

Worte haben Macht – sie können heilen oder verletzen, aufbauen oder zerstören. Wer unüberlegt spricht, richtet oft mehr Schaden an, als er erkennt. Wahre Weisheit zeigt sich darin, Worte zu prüfen, bevor man sie ausspricht.

Wie oft würdest du schweigen, wenn du deine Worte zuerst durch diese drei Fragen filterst?

> *Wenn du einem Schwertkämpfer begegnest,*
> *zieh dein Schwert. Trage keine Poesie vor,*
> *wenn er kein Dichter ist.*
>
> *– Lü Buwei –*

Kommunikation ist nur dann wirkungsvoll, wenn sie an den Empfänger angepasst ist. Wer mit den falschen Mitteln spricht, wird nicht verstanden – Weisheit liegt darin, zu erkennen, wann welche Sprache gebraucht wird. Wahre Überzeugung entsteht, wenn man die Situation und den Menschen vor sich richtig einschätzt.

In welchen Momenten könntest du deine Art zu kommunizieren besser an dein Gegenüber anpassen?

> *Bleibe still, bis du gebeten wirst zu sprechen,*
> *denn das ist besser, als zu sprechen,*
> *bis du gebeten wirst zu schweigen.*
>
> *- Imam Ali (A.S) –*

Worte verlieren an Wert, wenn sie ohne Bedacht gesprochen werden. Wer zu viel redet, riskiert, nicht mehr ernst genommen zu werden, während gezieltes Schweigen Respekt und Aufmerksamkeit schafft. Wahre Weisheit liegt darin, den richtigen Moment zum Sprechen zu erkennen.

In welchen Situationen wäre es klüger, erst zuzuhören, bevor du sprichst?

> *Sei vorsichtig mit deinen Worten, denn du weißt nicht, wie oft sie in jemandes Kopf wiederholt werden.*
>
> *– unbekannt –*

Worte hinterlassen Spuren – manchmal tiefer, als wir es beabsichtigen. Ein unbedachter Satz kann lange nachhallen, während ein aufrichtiges Wort des Zuspruchs Kraft und Hoffnung schenken kann. Verantwortung für das eigene Sprechen zu übernehmen bedeutet, sich der Wirkung bewusst zu sein.

Welche deiner Worte könnten in den Gedanken anderer nachklingen – und in welcher Weise?

> *Lerne zu schweigen,*
> *so wie du gelernt hast zu sprechen.*
> *– Imam Ali (A.S) –*

Schweigen ist genauso eine Kunst wie das Sprechen – es erfordert Selbstkontrolle, Weisheit und das Gespür für den richtigen Moment. Wer nur redet, ohne zuzuhören, verpasst wertvolle Einsichten und zeigt, dass er seine Worte nicht wirklich beherrscht. Stille kann oft mehr aussagen als tausend Worte.

In welchen Situationen könnte bewusstes Schweigen dir mehr bringen als das Sprechen?

Alles, was du sagst, sollte wahr sein,
aber nicht alles Wahre sollte gesagt werden.

– Voltaire –

Wahrheit ist wichtig, doch sie muss mit Bedacht und Feingefühl eingesetzt werden. Nicht jede Wahrheit dient einem guten Zweck – manche Worte können mehr verletzen als helfen. Weisheit bedeutet, zu erkennen, wann Ehrlichkeit nötig ist und wann Schweigen die bessere Wahl ist.

In welchen Momenten wäre Zurückhaltung klüger gewesen als schonungslose Offenheit?

Je länger die Erklärung, desto größer die Lüge.

– Chinesisches Sprichwort –

Wahrheit ist oft einfach, während Lügen komplizierte Konstrukte brauchen, um glaubwürdig zu erscheinen. Wer sich in langen Erklärungen verliert, versucht oft, Zweifel zu zerstreuen oder etwas zu verbergen. Wahre Klarheit liegt in prägnanten Worten.

In welchen Situationen hast du schon bemerkt, dass eine übermäßig lange Erklärung eher Misstrauen als Überzeugung erzeugt?

Mit einem Narren zu streiten beweist,
dass es zwei gibt.

– Mark Twain –

Ein kluger Mensch erkennt, dass nicht jeder Streit es wert ist, geführt zu werden. Wer mit einem Narren diskutiert, riskiert, auf sein Niveau herabgezogen zu werden, ohne etwas zu gewinnen. Wahre Weisheit liegt darin, zu wissen, wann Schweigen die beste Antwort ist.

In welchen Momenten wäre es klüger gewesen, einfach nicht zu reagieren?

> *Die ältesten Wörter ‚Ja‘ und ‚Nein‘ sind jene,*
> *die am meisten Überlegung erfordern.*
>
> *– Pythagoras –*

Ein einfaches „Ja“ oder „Nein“ kann weitreichende Konsequenzen haben. Jede Zusage bindet, jede Ablehnung schließt eine Tür – deshalb sollten diese Entscheidungen mit Bedacht getroffen werden. Wahre Selbstbestimmung liegt darin, bewusst zu wählen, anstatt vorschnell zu reagieren.

In welchen Situationen hättest du dir mehr Zeit nehmen sollen, bevor du zugestimmt oder abgelehnt hast?

> *Weise Menschen sprechen,*
> *weil sie etwas zu sagen haben.*
> *Narren sprechen, weil sie etwas sagen müssen.*
>
> *– Platon –*

Worte sollten einen Zweck haben, nicht nur Lücken füllen. Weise Menschen wählen ihre Worte bedacht, während Narren reden, um Aufmerksamkeit zu erzeugen oder Stille zu vermeiden. Wahre Kommunikation entsteht nicht aus dem Zwang zu sprechen, sondern aus dem Wunsch, etwas Wertvolles beizutragen.

Wie oft sprichst du aus echter Überzeugung – und wie oft nur, um etwas gesagt zu haben?

Die Zunge ist nur acht Zentimeter lang,
aber sie kann einen Mann von zwei Metern töten.

– Japanisches Sprichwort –

Worte mögen unsichtbar sein, doch ihre Wirkung kann mächtiger sein als jede Waffe. Eine unbedachte Bemerkung kann Ehre, Vertrauen oder sogar ein Leben zerstören, während kluge Worte heilen und aufbauen können. Wahre Stärke liegt darin, die eigene Sprache mit Bedacht zu führen.

Wann hat ein einziges Wort in deinem Leben große Folgen gehabt – positiv oder negativ?

> *Ein Narr erkennt man an seinen Worten,*
> *einen Weisen an seinem Schweigen.*
>
> *– Pythagoras –*

Wer unüberlegt spricht, gibt oft mehr preis, als er sollte, während wahre Weisheit sich in Zurückhaltung zeigt. Schweigen zeugt von Selbstbeherrschung und der Fähigkeit, erst zu denken, bevor man redet. Nicht jedes Gespräch erfordert eine Antwort – manchmal ist Stille die klügste Wahl.

In welchen Situationen wäre es besser gewesen, weniger zu sagen?

“ *Streite niemals mit dummen Menschen. Sie ziehen dich auf ihr Niveau hinab und schlagen dich mit Erfahrung.* ”

– Mark Twain –

Dumme Menschen gewinnen Streitigkeiten nicht durch Logik, sondern durch Hartnäckigkeit und Lautstärke. Wer sich auf ihre Ebene begibt, verliert seine Zeit und Energie, ohne etwas zu gewinnen. Wahre Weisheit liegt darin, Diskussionen zu meiden, die nur ins Leere führen.

Wann hättest du dir eine sinnlose Auseinandersetzung ersparen können?

Persönliche Reflexion

Wie zufrieden bist du rückblickend mit deiner Kommunikation gegenüber anderen?

Welche neuen Erkenntnisse konntest du aus dem Kapitel mitnehmen?

Welche neue Angewohnheit wird deine Gespräche in Zukunft verbessern?

Gibt es Denkweisen und Ansichten, die du gerne mit anderen erörtern würdest?

Zeit, Tod & Vergänglichkeit

Nichts im Leben ist beständiger als der Wandel. Die Zeit vergeht, alles ist vergänglich, und am Ende steht unausweichlich der Tod. Während viele vor dieser Realität zurückschrecken, haben große Denker stets betont, dass gerade die Endlichkeit dem Leben seine Tiefe und Bedeutung verleiht. Wer sich der Vergänglichkeit bewusst ist, lernt, den Moment zu schätzen und das Wesentliche vom Unwesentlichen zu unterscheiden.

Die Zitate in diesem Kapitel laden dazu ein, über die Natur der Zeit, den Umgang mit Vergänglichkeit und die Bedeutung des Todes nachzudenken. Sie erinnern uns daran, dass wir unser Leben nicht aufschieben, sondern bewusst gestalten sollten – im Wissen darum, dass jeder Augenblick kostbar ist. Denn gerade in der Akzeptanz der Endlichkeit liegt die Kraft, wahrhaft zu leben.

Wir schätzen einen Moment erst dann wirklich, wenn er zur Erinnerung wird.

– unbekannt –

Oft erkennen wir den Wert eines Augenblicks erst, wenn er bereits vergangen ist. Im Alltag sind wir abgelenkt, beschäftigt oder nehmen vieles als selbstverständlich hin, bis es nur noch eine Erinnerung ist. Wahres Leben bedeutet, den Moment bewusst zu erleben, bevor er zur Vergangenheit wird.

Welche kleinen Momente könntest du heute mehr wertschätzen, bevor sie nur noch Erinnerungen sind?

Wer von einer Reise zurückkehrt,
ist nicht mehr derselbe, der er beim Aufbruch war.

– Chinesisches Sprichwort –

Jede Reise verändert uns, denn sie erweitert unseren Horizont, stellt Überzeugungen infrage und hinterlässt Spuren in unserem Denken. Neue Erfahrungen formen uns oft mehr als wir es im Moment erkennen. Wachstum geschieht nicht nur durch die Distanz, die wir zurücklegen, sondern durch die Erkenntnisse, die wir dabei gewinnen.

Welche Reise – sei es eine reale oder eine persönliche – hat dich am meisten verändert?

> *Kein Mensch betritt zweimal denselben Fluss,*
> *denn es ist nicht mehr derselbe Fluss*
> *und er ist nicht mehr derselbe Mensch.*
>
> *– Heraklit –*

Alles im Leben ist im Wandel – sowohl die Welt um uns als auch wir selbst. Jeder Moment ist einzigartig, und selbst vertraute Orte oder Situationen erscheinen anders, weil wir uns mit ihnen verändern. Wer das versteht, lernt, den Augenblick zu schätzen, anstatt an Vergangenem festzuhalten.

In welchen Bereichen deines Lebens erkennst du, dass nichts wirklich bleibt, wie es war?

Sind wir, was wir mit der Zeit tun,
oder das, was die Zeit mit uns macht?

– unbekannt –

Wir sind sowohl Gestalter als auch Geformte der Zeit. Einerseits definieren unsere Entscheidungen, Handlungen und Gewohnheiten, wer wir werden. Andererseits hinterlassen Erlebnisse, Verluste und der Lauf der Zeit Spuren in uns. Wahre Selbstbestimmung liegt darin, bewusst zu handeln, anstatt nur passiv vom Leben geformt zu werden.

In welchen Bereichen deines Lebens nimmst du aktiv Einfluss, und wo lässt du dich treiben?

Was dir widerfährt,
hat seit Anbeginn der Zeit auf dich gewartet.

– Marcus Aurelius –

Alles, was geschieht, ist Teil eines größeren Ganzen – ob wir es als Schicksal, Zufall oder Ursache und Wirkung betrachten. Widerstände, Erfolge und Verluste gehören zu unserem Weg und formen uns genau so, wie es nötig ist. Wer das akzeptiert, kann mit mehr Gelassenheit auf das Leben blicken.

Wie würde sich dein Umgang mit Herausforderungen ändern, wenn du sie als unausweichlichen Teil deines Weges begreifen würdest?

> *Unter allen Mördern ist die Zeit der schlimmste – denn sie tötet alles.*
>
> *– Bhagavad Gita –*

Die Zeit ist unerbittlich – sie nimmt alles mit sich, egal ob Freude, Schmerz, Macht oder Leben. Nichts entkommt ihrem Einfluss, und gerade deshalb ist jeder Moment so kostbar. Anstatt gegen sie zu kämpfen, bleibt nur, sie bewusst zu nutzen.

Wie würdest du dein Leben gestalten, wenn du dir jeden Tag der Vergänglichkeit bewusst wärst?

> *Der Tod ist nicht der Feind –*
> *ein verschwendetes Leben ist es.*
> *– William Mulligan –*

Der Tod ist unausweichlich, doch der wahre Verlust liegt darin, die Zeit, die wir haben, ungenutzt verstreichen zu lassen. Ein erfülltes Leben bedeutet nicht, lange zu existieren, sondern bewusst zu leben und Bedeutung in den eigenen Tagen zu finden. Wahre Angst sollte nicht dem Ende gelten, sondern der Frage, ob wir wirklich gelebt haben.

Was hält dich noch davon ab, das Leben nach deinen eigenen Werten zu gestalten?

Eines Tages wirst du aufwachen und keine Zeit mehr haben für die Dinge, die du immer wolltest.

– Paulo Coelho –

Viele schieben ihre Träume auf, als hätten sie unendlich viel Zeit. Doch eines Tages wird die Möglichkeit, sie zu verwirklichen, nicht mehr da sein. Das Leben wartet nicht – wer zu lange zögert, riskiert, nie wirklich gelebt zu haben.

Welche deiner Wünsche oder Pläne wartest du noch aufzuschieben, anstatt sie endlich anzugehen?

> *Du kannst nicht zweimal dieselbe*
> *Lebensspanne durchlaufen,*
> *wie du auch nicht zweimal denselben Tag erlebst.*
>
> *– Seneca –*

Jeder Moment ist einzigartig und unwiederbringlich. Das Leben verläuft nur in eine Richtung, und jede Entscheidung, jede verstrichene Gelegenheit formt unsere Zukunft unwiderruflich. Wer das erkennt, lernt, bewusster zu leben und die Gegenwart wertzuschätzen.

Welche Entscheidungen würdest du anders treffen, wenn du dir stets bewusst wärst, dass kein Augenblick zurückkehrt?

Persönliche Reflexion

Was war bislang deine Einstellung zum Tod und der Vergänglichkeit?

Wie hat sich deine Denkweise zu dem Thema durch das Kapitel geändert?

Wie wird sich dein Umgang mit der Zeit in Zukunft ändern und warum?

Gibt es Denkweisen und Ansichten, die du gerne mit anderen erörtern würdest?

Philosophie & Spiritualität

Seit jeher suchen Menschen nach Antworten auf die großen Fragen des Lebens: Was ist der Sinn unserer Existenz? Wie können wir ein erfülltes Leben führen? Während die Philosophie durch kritische Reflexion und logisches Denken nach Erkenntnis strebt, bietet die Spiritualität einen eher intuitiven Zugang zu Weisheit und innerer Erfahrung. Beide Wege ergänzen sich und helfen uns, die Welt und uns selbst besser zu verstehen.

Die Zitate in diesem Kapitel regen dazu an, über die Natur der Realität, die Rolle des Geistes und die Suche nach Wahrheit nachzudenken. Sie laden dazu ein, den eigenen Blick zu weiten, über das Materielle hinauszublicken und sich mit den tieferen Dimensionen des Lebens auseinanderzusetzen. Denn ob durch Vernunft oder Intuition – die Suche nach Weisheit ist eine Reise, die uns unserem wahren Selbst näherbringt.

Und Gott sagte: ‚Liebe deinen Feind',
und ich gehorchte ihm und liebte mich selbst.

– Khalil Gibran –

Oft sind wir unser schärfster Kritiker, härter zu uns selbst als zu anderen. Doch wahre Liebe und Vergebung beginnen im Inneren – wer sich selbst nicht annimmt, kann auch anderen keine echte Liebe schenken. Selbstmitgefühl bedeutet nicht Nachsicht, sondern die Fähigkeit, sich mit denselben Augen der Güte zu betrachten, die man für andere hätte.

Wie würde sich dein Leben verändern, wenn du dir selbst mit mehr Liebe und Verständnis begegnen würdest?

> *Wenn jemand einen Teppich schlägt, treffen die Schläge nicht den Teppich, sondern den Staub darin.*
>
> – *Rumi* –

Äußere Konflikte oder Kritik scheinen oft gegen uns gerichtet, doch sie bringen meist nur das ans Licht, was bereits in uns steckt. Herausforderungen und Widerstände reinigen uns von Illusionen, Ängsten oder alten Mustern, wenn wir bereit sind, sie als Chance zu sehen. Wahres Wachstum entsteht, wenn wir nicht den Schlag fürchten, sondern das, was er aus uns befreit.

Welche schwierige Situation in deinem Leben könnte dir helfen, etwas loszulassen, das dir nicht mehr dient?

Die Nacht verbirgt die Welt,
aber sie offenbart das Universum.

– Persisches Sprichwort –

Manchmal müssen wir das Vertraute verlieren, um das Größere zu erkennen. Dunkle Zeiten mögen einschränkend wirken, doch sie eröffnen oft neue Perspektiven, die im Licht des Alltags verborgen bleiben. Herausforderungen und Abschiede können uns Dinge lehren, die wir sonst nie gesehen hätten.

Welche „Nacht" in deinem Leben hat dir eine neue Sicht auf das Wesentliche ermöglicht?

> *Vielleicht hat Gott den Tieren die Sprache verwehrt, um zu zeigen, dass Liebe durch Taten und nicht durch Worte bewiesen wird.*
>
> *– unbekannt –*

Wahre Liebe zeigt sich nicht in großen Versprechen, sondern in Gesten, Fürsorge und Beständigkeit. Tiere brauchen keine Worte, um Zuneigung zu geben – ihre Taten sprechen für sich. Vielleicht ist das eine Erinnerung daran, dass auch wir weniger reden und mehr durch unser Handeln zeigen sollten, was uns wirklich wichtig ist.

In welchen Beziehungen könntest du weniger durch Worte und mehr durch Taten Liebe ausdrücken?

> *Tue eine gute Tat und wirf sie in den Fluss.*
> *Eines Tages wird sie dir in der Wüste begegnen.*
>
> *– Rumi –*

Wahre Güte erwartet keine direkte Belohnung – sie entfaltet ihre Wirkung oft unerwartet und auf Wegen, die wir nicht vorhersehen können. Eine gute Tat mag vergessen scheinen, doch das Leben hat seine eigene Art, sie zurückzubringen. Gutes zu tun, verändert nicht nur die Welt um uns, sondern auch uns selbst.

Wann hast du erlebt, dass eine selbstlose Handlung später auf unerwartete Weise zu dir zurückkam?

> *Hundert Jahre Bildung sind nichts im Vergleich zu einem einzigen Moment mit Gott.*
>
> *– Schams Tabrizi –*

Wissen kann den Verstand schärfen, aber wahre Erkenntnis kommt oft nicht aus Büchern, sondern aus tiefen, spirituellen Momenten. Ein Augenblick echter Verbindung – sei es zu Gott, zur Natur oder zum eigenen Inneren – kann mehr Klarheit schenken als ein Leben voller Theorie. Weisheit ist nicht nur das, was wir lernen, sondern das, was wir wirklich erfahren.

Wann hast du einen Moment erlebt, der dir mehr Einsicht gab als jahrelanges Lernen?

> *Binde zwei Vögel zusammen – sie werden nicht fliegen können, auch wenn sie nun vier Flügel haben.*
>
> *– Rumi –*

Nicht jede Verbindung stärkt – manche fesseln und nehmen die Freiheit. Wahre Einheit entsteht nicht durch bloßes Zusammensein, sondern durch Harmonie und gegenseitiges Wachstum. Eine Beziehung, sei es in Freundschaft, Liebe oder Partnerschaft, sollte nicht einschränken, sondern beiden ermöglichen, ihr volles Potenzial zu entfalten.

In welchen Beziehungen deines Lebens fördert ihr euch gegenseitig – und wo könnte Loslassen mehr Freiheit bedeuten?

Ein Sünder sucht nicht dann nach Vergebung,
wenn er seine Sünde bereut,
sondern wenn die Sünde ihn nicht mehr reizt.

– unbekannt –

Wahre Reue zeigt sich nicht in Worten, sondern in der Entscheidung, nicht mehr denselben Fehler zu begehen. Solange eine Versuchung noch Anziehungskraft hat, bleibt die Reue oft oberflächlich – erst wenn die Sünde ihren Reiz verliert, wird Vergebung wirklich gesucht. Reue ist nicht nur der Wunsch nach Vergebung, sondern die innere Wandlung, die sie überflüssig macht.

Gibt es in deinem Leben etwas, das du wirklich bereust – oder nur die Konsequenzen davon?

> *Erlaube dir zu strahlen,*
> *ohne den Wunsch, gesehen zu werden.*
> *– unbekannt –*

Wahre Größe und innere Erfüllung brauchen keine Anerkennung von außen. Wer nur leuchtet, um gesehen zu werden, macht sein Glück von der Bestätigung anderer abhängig. Doch echtes Strahlen kommt von innen – aus Leidenschaft, Überzeugung und der Freude am Sein.

Wo in deinem Leben könntest du dein Licht leuchten lassen, ohne auf Applaus zu warten?

> *Ich habe gelernt, dass jeder Mensch den Tod schmecken wird – aber nur wenige das Leben.*
>
> – *Rumi* –

Sterben ist unvermeidlich, doch wirklich zu leben erfordert Bewusstsein, Mut und Hingabe. Viele Menschen existieren nur, gefangen in Routinen und Ängsten, ohne je die Tiefe und Schönheit des Lebens zu erfahren. Wahres Leben beginnt, wenn wir den Moment wertschätzen und uns erlauben, wirklich zu fühlen, zu wachsen und zu lieben.

Welche Veränderungen könntest du vornehmen, um das Leben bewusster zu schmecken, bevor es vergeht?

> *Leben bedeutet Leiden. Überleben bedeutet, einen Sinn im Leiden zu finden.*
>
> *– Nietzsche –*

Leid ist ein unvermeidlicher Teil des Lebens, doch was wir daraus machen, liegt in unserer Hand. Wer seinem Schmerz einen Sinn gibt, wächst daran, anstatt daran zu zerbrechen. Wahre Stärke entsteht nicht durch das Vermeiden von Leid, sondern durch die Fähigkeit, ihm Bedeutung zu verleihen.

Welche Herausforderungen in deinem Leben könnten eine tiefere Erkenntnis oder neue Stärke in dir wecken?

Frei von den Gedanken an ‚Ich' und ‚Mein'
findet der Mensch vollkommene Ruhe.

– Bhagavad Gita –

Ego und Besitzansprüche sind oft die größten Quellen innerer Unruhe. Wer sich von der ständigen Fixierung auf „mein Erfolg", „meine Probleme" oder „meine Wünsche" löst, erfährt eine tiefere Gelassenheit. Wahre Freiheit entsteht, wenn wir erkennen, dass wir nicht durch das definiert werden, was wir besitzen oder darstellen.

In welchen Lebensbereichen könnte weniger Anhaften an „Ich" und „Mein" dir mehr innere Ruhe schenken?

“ *Je ruhiger du wirst, desto mehr kannst du hören.*

– Rumi – ”

In der Stille offenbart sich, was im Lärm des Alltags oft überhört wird – die eigene Intuition, tiefere Gedanken und die Wahrheit hinter den Worten anderer. Wer lernt, innerlich ruhig zu werden, nimmt die Welt klarer wahr und gewinnt an Weisheit. Erkenntnis entsteht nicht durch lautes Reden, sondern durch aufmerksames Zuhören.

Wo in deinem Leben könntest du durch mehr Stille und Achtsamkeit neue Einsichten gewinnen?

Wer ein ‚Warum' zum Leben hat,
erträgt fast jedes ‚Wie'.

– Nietzsche –

Ein tiefer Sinn gibt die Kraft, selbst große Herausforderungen zu bewältigen. Wer weiß, wofür er lebt, kann Schmerz, Rückschläge und Schwierigkeiten ertragen, ohne daran zu zerbrechen. Ohne ein „Warum" hingegen verliert selbst der leichteste Weg an Bedeutung.

Was gibt deinem Leben Sinn, der dich auch in schweren Zeiten weitermachen lässt?

> *Wenn du etwas wirklich willst,*
> *setzt sich das ganze Universum dafür ein,*
> *dass du es erreichst.*
>
> *– Paulo Coelho –*

Wahrer Wille hat eine transformative Kraft – wenn du mit voller Überzeugung auf ein Ziel hinarbeitest, öffnen sich oft unerwartete Wege. Doch es reicht nicht, nur zu wünschen; Hingabe, Ausdauer und der Mut, Chancen zu ergreifen, sind entscheidend. Erfolg entsteht, wenn Entschlossenheit auf Gelegenheiten trifft.

Wo in deinem Leben könntest du deinem Wunsch mit mehr Vertrauen und Tatkraft folgen?

Persönliche Reflexion

Was war bislang deine philosophische und spirituelle Kernüberzeugung?

Wie hat sich deine Denkweise zu dem Thema durch das Kapitel geändert?

Was wird in Zukunft die Maxime deines Handelns und warum?

Gibt es Denkweisen und Ansichten, die du gerne mit anderen erörtern würdest?

Bevor du das Buch schliesst

Die Weisheiten der großen Denker begleiten uns über Jahrhunderte hinweg, doch sie entfalten ihre wahre Kraft erst, wenn wir sie in unser eigenes Leben integrieren. Philosophie ist keine abstrakte Theorie – sie ist eine praktische Anleitung, um bewusster zu leben, klüger zu handeln und innerlich zu wachsen. Sie hilft uns, die richtigen Fragen zu stellen, unser Denken zu schärfen und mit Herausforderungen besonnener umzugehen. Wahre Erkenntnis entsteht nicht nur durch das Lesen von Worten, sondern durch die Art, wie wir unser Leben danach ausrichten.

Die Zitate und Gedanken in diesem Buch sollten nicht nur zum Nachdenken anregen, sondern auch eine Einladung sein, sich selbst und die eigene Haltung zum Leben zu hinterfragen. Weisheit, Gelassenheit, Mut und Mitgefühl sind keine angeborenen Eigenschaften, sondern Fähigkeiten, die wir kultivieren können. Sie wachsen durch bewusste Reflexion, durch Handeln und durch den Willen, sich immer wieder neu auszurichten. Wer sich die Prinzipien der großen Denker zu Herzen nimmt, kann Krisen mit mehr Ruhe begegnen, Veränderungen als Chancen begreifen und sein Leben nach den eigenen Werten gestalten.

Philosophie bedeutet auch, Verantwortung für sich selbst zu übernehmen. Sie lehrt uns, dass unser Glück nicht von äußeren Umständen abhängt, sondern von der Art und Weise, wie wir auf das Leben reagieren. Indem wir unseren Geist schulen, lernen wir, uns nicht von Ängsten oder äußeren Einflüssen beherrschen zu lassen, sondern unser Denken und Handeln mit Bedacht zu lenken. Diese Haltung ermöglicht es uns, mit größerer Gelassenheit durch das Leben zu gehen und das Wesentliche vom Unwesentlichen zu unterscheiden.

Wenn du einige Weisheiten erfolgreich in dein Leben und deinen Alltag integrieren konntest, würde ich mich noch mächtig über eine **5 Sterne Rezension auf Amazon** freuen. Das hilft nicht nur mir, sondern auch all denen, die nach der passenden Lektüre suchen, um ihr Leben in die richtige, eine bessere Richtung zu schubsen. Denn:

Letztlich liegt es in unserer Hand, welche Bedeutung wir unserem Leben geben. Jeder Tag ist eine Gelegenheit, unsere Werte zu leben, Herausforderungen mit Standhaftigkeit zu begegnen und uns selbst weiterzuentwickeln. Philosophie kann uns dabei leiten, aber den Weg müssen wir selbst gehen. Möge dieses Buch eine Inspiration sein, die Philosophie nicht nur zu studieren, sondern zu verkörpern – und mit ihr einen Weg zu mehr Klarheit, Gelassenheit und Erfüllung zu finden. Denn Weisheit zeigt sich nicht in Worten allein, sondern in der Art, wie wir unser Leben führen.

IMPRESSUM

Unaufhaltsam

Weisheiten des Stoizismus und der Philosophie
für Disziplin, Stärke und Erfolg

1. Auflage 2025

ISBN: 9783949604959

Herausgegeben von AES Verlag

Kontakt:

Anton Scharton

Saint-Claude-Str. 25

72108 Rottenburg

Bei Fragen oder Schwierigkeiten kontaktiere uns gerne per E-Mail:

team@aesverlag.de

Printed in Poland
by Amazon Fulfillment
Poland Sp. z o.o., Wrocław

54643447R00103